Le petit manuel de l'amour

Modus Vivendi

Le petit manuel de l'amour

Daphne Rose Kingma

Publié aux États-Unis par Conari Press
sous le titre de: *True Love*

Version française, édition révisée:
Les Éditions Modus Vivendi
3859, autoroute des Laurentides
Laval (Québec) Canada
H7L 3H7

Traduit de l'américain par Jean Guimond, BA, Sc. LLB
Design et illustration de la couverture: Marc Alain

Dépôt légal: 3ème trimestre 2001
Bibliothèque nationale du Québec
Bibliothèque nationale du Canada

IBSN: 2-89523-039-0

À Dominique,
dont la véritable vocation est d'aimer

Aucun de ces mots n'aurait pu être reproduit sur papier sans l'encouragement chaleureux et les efforts inlassables de Mary Jane Ryan, et je lui offre une guirlande de remerciements.

Table des matières

Préface

Ce petit manuel est une prescription pour l'amour véritable : l'amour qui dure, l'amour qui guérit, l'amour qui transforme, l'amour qui apporte une joie inestimable. Bien qu'il existe une bonne quantité de livres qui parlent des agendas psychologiques cachés dans une relation, et qui offrent une variété de mécanismes d'acceptation et de traitement de ces situations, ce n'est pas le but du présent exercice. J'offre plutôt cet ouvrage comme un cadeau pour nourrir et réparer l'amour, sous forme de cours pour encourager les aptitudes et les démarches d'une relation amoureuse. Qu'importe ce que vous êtes, vous pouvez rehausser votre relation en incorporant ces attitudes et comportements.

Vous pouvez parcourir ce manuel d'une couverture à l'autre, ou vous pouvez l'ouvrir au hasard et lire une entrée par jour. Une façon particulièrement valable de l'utiliser est de choisir un item et demander à votre partenaire d'essayer d'accomplir ou de réaliser cette chose en particulier — pour la journée, pour une semaine, pour un mois — pendant qu'il ou elle en fait de même pour vous. Il est fort possible que vous choisirez tous les deux des choses dont vous avez réellement besoin, et en les obtenant, l'amour que vous partagez s'épanouira de façon admirable. L'amour ne fleurit que lorsque nous nous sommes préparés psychologiquement à l'accueillir. La partie I, *Les conditions de l'amour*, parle de cette préparation et indique certaines connaissances que nous devons avoir au préalable, afin de créer un climat de félicité, qui s'annonce comme l'amour véritable. Cette démarche comprend certaines connaissances qui auront pour effet de modifier votre façon de percevoir votre relation, les dimensions qui sont possibles à l'intérieur de cette relation et vos attentes devant cette relation.

La partie II, *Les démarches de l'amour*, offre certaines suggestions de gestes et d'actions, consciemment exécutés, qui assureront que l'amour semé fleurira et s'épanouira pleinement. Elle est divisée en trois sections : «L'épanouissement de son amour-propre», «L'attention sans borne à l'être aimé» et «Le trésor incomparable de la relation», puisque l'amour véritable est formé de l'attention que vous vous apportez, et que vous apportez à l'autre personne et à la relation même.

En fin de compte, l'amour véritable représente un but très important. Il est là pour nous amener au plus profond de nous-mêmes, par la présence-miroir de la personne qui nous aime, vers le point même des significations réelles de notre vie et vers la réalisation totale de ce but. La partie III, «*Les transformations de l'amour*», nous offre certaines façons de nous tourner vers la puissance de l'amour et de nous mouler en la personne que nous pouvons être véritablement. C'est là le plus haut palier de l'amour, son but ultime et sa réalisation la plus magnifique. C'est dans cette capacité d'aimer que nous trouvons la force de déplacer des montagnes... de changer le monde.

Introduction

Il existe, à l'intérieur de chacun(e) d'entre nous, un désir insatiable d'aimer, d'être aimé! L'amour que nous recherchons est beaucoup plus que la sensation euphorique des papillons-dans-l'estomac que provoque une nouvelle romance; c'est aussi la consolation sublime d'être connu(e) dans son for intérieur, accepté(e) et entouré(e) de bons soins. C'est le sentiment profond de paix et de tranquillité d'esprit qui découle d'un rapprochement intime avec un autre être humain.

Accomplir la première étape est généralement facile. L'amour romantique flotte sur les vagues de l'impulsion ou de l'attraction, enflammé par un clair de lune, la magie de la musique, le parfum ensorcelant d'une douce nuit d'été. La deuxième — l'amour véritable — est bien plus difficile. Trop souvent, les relations amoureuses que nous vivons nous déçoivent. Nous voulons prolonger les sensations délectables, mais nous n'y parvenons pas. Nous voulons rehausser et accroître les liens entre nous, mais nous ne savons pas comment.

J'ai commencé à écrire ce livre après plusieurs années de travail avec des gens dont le désir le plus profond était de vivre l'expérience de la joie et de la compagnie d'un amour véritable. Quelle que fut l'expérience d'amour du moment, ce que ces gens m'indiquaient — dans leur lutte avec leurs désirs — c'est que nous avons tous un énorme besoin d'amour pour remplir notre coeur, pour enivrer notre corps et alimenter notre esprit. Au fur et à mesure que je travaillais avec ces gens, cependant, il m'a semblé évident que nous savions très mal nous y prendre pour arriver à connaître ces sensations et cette expérience, ainsi que la conjuration et la délectation que nous aimerions retirer de l'amour. On nous a enseigné à faire le bilan d'un livret bancaire, à faire disparaître un cerne autour d'un collet et à préparer un repas pour le plus fin des gourmets, mais on ne nous a jamais enseigné comment créer une vraie relation d'amour. Plutôt, avec les romans à l'eau de rose, la musique populaire, les films, nous en sommes venus à imaginer que, sans efforts de notre part, l'amour allait résoudre tous nos problèmes... et réaliser tous nos rêves.

L'amour véritable est beaucoup plus qu'un sentiment, une sensation, beaucoup plus qu'un interlude magique d'ivresse émotionnelle qui nous envahit lorsque la pleine lune n'est plus qu'un petit quartier. L'amour est une gamme de comportements, d'attitudes, de connaissances dont la pratique crée et maintient l'état que nous appelons l'amour. C'est une dimension sous forme de relation qui satisfait, vivifie et guérit, mais c'est aussi le produit d'un effort complexe. À vrai dire, l'amour est un «travail d'amour» qui ne se manifeste qu'au moment où nous nous rendons compte qu'en plus d'être un cadeau, c'est toute une entreprise!

L'amour nous demande beaucoup tout en nous apportant beaucoup. Il demande que nous modifions notre perspective de nous-mêmes, des gens que nous aimons, du monde entier et de la condition humaine; que nous apprenions des choses qui nous semblent peut-être repoussantes ou que nous ne savions même pas que nous devions connaître. L'amour nous demande de modifier certains comportements, publics et privés, émotionnels et spirituels. Il nous invite à tendre la main, à donner autant qu'à recevoir. Il nous demande d'être aimable, de nous entourer de réalisme, d'imagination, d'altruisme, d'attention, d'intuition, de discipline, d'audace. Il nous enseigne l'art d'être humain. Ce petit manuel est aussi une invitation à modifier votre perception de l'amour même — de ne pas le concevoir comme une récompense personnelle, mais comme un pouvoir d'une capacité infinie de modifier incroyablement notre vie. C'est parce que nous ressentons le pouvoir de transformation de l'amour que nous cherchons constamment à nous entourer, à bénéficier des nombreux avantages qu'il nous apporte.

Nous ne sommes pas sur terre simplement pour accueillir l'amour; nous devons aussi devenir aimables. L'amour véritable est fondé sur l'amour inconscient et l'amour conscient — le fait de réaliser une foule de choses qui nous semblent impossibles pour le bien-être de l'autre personne — est la forme d'art spirituel du 20ième siècle.

L'amour qui nous entoure doit aussi habiter en nous. C'est en aimant, aussi bien qu'en étant aimés(es), que nous devenons de plus en plus vrais envers nous-mêmes. Quoi que nous fassions, disions, accomplissions ou devenions, c'est notre capacité d'aimer qui constitue en définitive notre évaluation la plus précise. Finalement, rien de ce que nous faisons ou disons au cours de cette vie ne sera aussi important que la façon dont nous nous sommes tous aimés.

Les conditions de l'amour

L'amour est un processus, non une destination

Nous croyons souvent, du moins de façon inconsciente, que lorsque nous tombons finalement en amour et décidons de partager notre vie avec une autre personne, tout s'arrange. Nous allons nous «établir», comme on dit et, la plupart du temps, nous prévoyons être établi ou casé jusqu'à ce que «la mort nous sépare».

Voilà ce que j'appelle la notion d'amour «boîte à souliers». Dans cette optique, en effet, une relation est comme une boîte à souliers ou tout autre petit contenant où on conserve quelque chose de précieux comme, par exemple, les fleurs de notre bouquet de noces. On enveloppe les fleurs dans un papier fin, on les couche dans une boîte, on replace le couvercle, on place la boîte sur un rayon, tout en espérant que le contenu demeurera tel quel jusqu'à la fin des temps.

Malheureusement, plusieurs d'entre nous conçoivent une relation précisément de cette façon. Nous plaçons notre amour dans une boîte à chaussures, nous la cachons et imaginons que nous pouvons y avoir accès en tout temps, sans qu'aucun changement ne se soit produit. Nous croyons que nous n'avons rien à faire pour empêcher sa détérioration, par les éléments ou les insectes.

En vérité, cependant, une relation est un processus et non une destination. Il commence avec un amour qui capte l'attention, enflamme la passion et traverse une mer sans fin d'ondulation et de permutation qui lui donne sa texture, son caractère et sa saveur, et, sans qu'on s'y attende, cet amour forme et reforme les deux personnes qui l'ont créé.

Consciemment ou inconsciemment, nous entreprenons un bon nombre de choses dans nos relations. Nous passons en revue nos années avec nos parents, nous guérissons de vieilles blessures d'enfance. Lorsque nous nous livrons entièrement en amour, nous pouvons alors recupérer les aspects de nous-mêmes qui avaient été abandonnés ou suprimés. Tous ces miracles de transformation personnelle se produisent seulement lorsque nous abandonnons l'idée qu'une relation particulière est un monument qui occupe un point fixe de l'univers.

Une relation est fondée sur le mouvement, la croissance; c'est un environnement interpersonnel sacré qui touche l'évolution de deux âmes. Les changements que cette relation traverse comme entité sont la somme des changements entrepris par les personnes qui la composent. Ce que nous demandons de nos relations, est à la mesure de ce qu'elles demandent de nous et de ce que nous deviendrons, avec le temps.

Donc, on doit retenir que l'amour est un processus et que l'on doit célébrer les changements qu'il impose. Pour ce faire, on doit toujours être ouvert et disposé à devenir bien plus que ce que l'on était. Empêcher cette évolution équivaut à se diminuer soi-même pour en arriver, à la fin, à être infiniment moins que l'on pourrait être.

On a tous besoin de plus d'amour

Dans nos relations, cette petite place spéciale, protectrice, nous espérons tous réaliser nos espoirs et nos rêves — nous cherchons tous l'amour que nous n'avons jamais (ou pas suffisamment) reçu quand nous étions enfants. Malheureusement, en tentant d'obtenir ce que l'on cherche, il nous est facile d'oublier que d'autres personnes de notre entourage sont aussi en quête d'amour.

Dans nos relations, comme dans toute autre situation de notre vie, nous sommes portés à croire que nous sommes les seuls à l'avoir (le problème, le froid), ou à l'avoir eu (la mauvaise journée au travail) ou à en avoir besoin (de plus d'amour). Mais ce n'est pas comme ça du tout.

Tout le monde a besoin de plus d'amour. Plus d'amour. Plus d'amour. Plus d'amour. La vérité est que personne n'a eu une enfance parfaite et qu'aucun(e) d'entre nous n'a reçu assez de louanges, d'attention, de reconnaissance, d'affection, de dorlotements, de caresses, de bénédictions ou d'encouragements. Nous en avons *tous* besoin... maintenant!

En tenant compte du fait que tous les gens ont les mêmes besoins que vous, vous vous assurez que l'amour que vous donnez sera tout aussi intense que l'amour que vous acceptez. C'est la meilleure façon d'éviter d'être avares en amour ou d'avoir tellement peur de ne pas [...] nous revient que nous sommes portés à nous retenir co[...] cherche désespérément son minimum d'amour vital.

Nous nous assurons aussi que nous faisons bien tout ce q[...] vons pour démontrer extérieurement l'amour que nous posséd[...] dedans. Nous croyons souvent à tort que, parce que nous aimon[s] quelqu'un, il ou elle le sait et le ressent, et qu'aucun comportement spécial n'est nécessaire pour le démontrer. Mais le fait de ressentir de l'amour repose sur une myriade d'attitudes spécifiques, d'agissements, de petits soins qui démontrent clairement ce que nous ressentons dans notre coeur. Nous avons besoin, non seulement de «nous aimer» mutuellement, mais de manifester cet amour de diverses façons conséquentes.

Donc, souvenez-vous que l'autre personne a besoin d'autant d'amour que vous; soyez généreux(euse) avec votre amour, de toutes les façons possibles — avec des louanges, des baisers, des compliments, des étreintes, des célébrations, des présents, de la passion, de la poésie, de la magie, de l'argent, du mystère, de la musique, des lumières, de l'action. Aimez en silence, avec douceur, couleur, méditation, prières. Aimez comme vous n'aviez jamais encore rêvé d'aimer. Plus vous distribuez votre amour, plus vous en recevez; plus on donne et reçoit d'amour, plus il se multiplie; plus l'amour se multiplie, plus la vie est belle; plus la vie est belle, plus l'amour devient source de vie.

Nul n'est parfait : la théorie de «l'oreille arrachée»

Lorsque nous tombons en amour, nous nous attendons inconsciemment, ou consciemment, à ce que l'autre personne soit parfaite — le compagnon parfait, la compagne parfaite — au jeu, en amitié, en amour et dans son rôle de parent pour nos enfants. C'est lorsque la vérité se manifeste que l'on constate que la personne que l'on aime est humaine, mortelle, qu'elle n'est pas la projection de nos fantaisies les plus débridées et que la relation s'abîme. Tout à coup, le beau chevalier sur son grand cheval blanc affiche certaines fissures et les beaux grands cheveux de la Juliette-sur-son-balcon ne sont pas aussi lustrés qu'on ne l'aurait cru.

Le moment est donc venu d'avoir recours à la théorie de l'oreille arrachée; c'est un merveilleux antidote contre les attentes décevantes. La théorie de l'oreille arrachée demande que vous reconnaissiez que la personne que vous aimez n'est pas parfaite mais... que vous l'aimiez quand même. J'ai appelé ainsi cette théorie en l'honneur de mon vieux chat, Max.

Au cours de sa jeunesse, Max était un beau chat mâle du Maine, avec des yeux à faire mourir. Max avait du style, de la classe — socialement, il était accepté partout, il était raffiné, avait un ronronnement admirable et une grande sagesse qui en faisait un chasseur redouté. Et, bien sûr, je l'aimais.

Mais un beau jour, au cours de son adolescence, Max a été impliqué dans un combat de rue. Il est revenu avec une oreille ensanglantée, à moitié arrachée qui pendait sur le côté de sa tête. La blessure s'est finalement cicatrisée, mais la déchirure était toujours visible. La question, bien sûr, était : Est-ce que j'aimais toujours Max, l'aimerais-je toujours, pourrais-je toujours l'aimer, maintenant qu'il était devenu si «imparfait»? Et la réponse était, et est toujours, bien sûr, oui.

La vérité c'est que nous sommes tous un peu comme Max — nous sommes tous blessés, nous avons tous une oreille arrachée d'une façon ou d'une autre, nous avons tous des cicatrices sur l'âme (et parfois sur notre corps) où les ravages du passé ont laissé leurs traces : un lambeau d'amour-propre, une certaine gêne par rapport à une imperfection physique particulière, la crainte de ne pas être aimable, la honte vis-à-vis certaines réalisations, la sensation qu'en dépit de maints efforts, nous n'avancerons pas dans la vie. Ce sont ces choses-là qui nous portent à agir de façon moins parfaite. Ce qui est triste, mais vrai cependant, c'est que nous imaginons, ou nous tenons pour acquis que l'autre personne ne souffre d'aucune blessure. Nous oublions que le petit enfant désespéré, apeuré et triste qui habite en nous trouve sa contre-partie dans la personne que nous aimons, un enfant qui peut faire face à une cicatrice par une cicatrice; à une imperfection par une imperfection.

En reconnaissant le fait que nul n'est parfait, vous décrouvrirez le talisman qui vous aidera à accepter la personne bien-aimée avec ses imperfections. Vous développerez une certaine patience qui vous fera découvrir que vous n'êtes pas la seule personne qui souffre. À un niveau plus profond, vous serez encouragé à consacrer le temps nécessaire à vous familiariser avec les blessures de l'autre et vous découvrirez comment entretenir, chérir et apprécier cette relation.

Mieux encore, en vous souvenant que nous avons tous une oreille déchirée, vous vous sentirez moins seul(e). En reconnaissant que la personne que vous aimez a aussi ses blessures, vous ne souffrirez plus seul(e), mais à l'unisson.

Nous avons tous nos circonstances particulières

En amour, nous nous attendons souvent à ce que notre partenaire fasse, cesse de faire, soit, dise, donne ou reçoive selon ce que nous désirons, sans tenir compte de sa vie personnelle. Malheureusement (et heureusement), une relation n'est pas une question de mêlée générale où l'on s'attend à ce que l'autre personne accepte tous nos besoins et toutes nos fantaisies, que ce soit dans une démarche émotionnelle ou pratique. Nous avons tous nos circonstances particulières, nos réalités pragmatiques que nous tentons de manier ou de mener à bien. Cela veut dire que la personne que nous aimons ne sera pas toujours disposée ou capable de nous aimer au moment précis, ou de la façon précise qui nous convient.

Bien souvent, nos propres circonstances peuvent sembler accablantes, par exemple : être emprisonné dans un poste ou dans une carrière sans issue, simplement pour pouvoir payer les études universitaires des enfants; être obligé de s'occuper d'une mère qui prend de l'âge et qui souffre de la maladie d'Alzheimer; essayer d'obtenir un diplôme universitaire pendant qu'on travaille à temps plein — dans de telles circonstances, on en vient même à oublier les circonstances de notre partenaire. Comme la vie est parfois difficile, nous cherchons un allégement et, dans le mode *l'amour-apporte-tout*, nous nous attendons à être sauvé par la personne qu'on aime. S'il m'aimait vraiment il nous libérerait de nos dettes, une fois pour toute; si elle m'aimait vraiment, elle m'accorderait tout le sexe que je désire, au moment où je le désire.

Entretenir ces espoirs est une façon de ne pas accepter l'une des réalités les plus décevantes de la vie : la vie est injuste! Les fardeaux que nous devons tous supporter sont énormes. Il y a bien des chances que notre bien-aimé(e), comme nous-mêmes, tente de vivre avec ses problèmes au meilleur de ses connaissances.

Comme tout le monde, notre partenaires doit endurer les petites insultes douloureuses de la vie quotidienne : la batterie de l'auto en panne, le bureau rempli de fumée de cigarette, l'humiliation imposée par le patron, la tache de sauce sur la nouvelle chemise blanche. Elle a eu une mauvaise journée au travail; son père se meurt d'un cancer. Et ni l'un ni l'autre n'a assez d'énergie pour rentrer au foyer et préparer le dîner.

Malheureusement, il est trop facile d'oublier les circonstances d'une autre personne lorsqu'on est nous-mêmes au centre de circonstances déplaisantes. J'ai une amie qui se querellait sans cesse avec son mari parce qu'il n'était jamais à la maison avant 20h. Finalement, il lui a dit : «T'imagines-tu que JE VEUX travailler jusqu'à cette heure-là tous les soirs? Je déteste mon travail au plus haut point! Mais entre les frais pour t'envoyer à l'école afin que tu puisses terminer tes études, et faire vivre les enfants, je n'ai pas les moyens d'abandonner!» Dès qu'elle se rendit compte qu'il était autant victime des circonstances qu'elle, elle cessa de le harceler et lui témoigna sympathie et encouragement. Aussi surprenant que cela puisse sembler, très peu de temps après, il avait trouvé comment revenir à la maison plus tôt.

Se souvenir que tous les humains ont leurs circonstances nous permet de se rejoindre les uns les autres au sein de la condition humaine. Lorsqu'on reconnaît, dans notre coeur et par le biais de nos actions, que l'autre personne est aussi soumise aux effets de la vie quotidienne, nous créons une autre forme de liaison. Plutôt que d'être aux antipodes, nous nous rendons compte que nous sommes tous impliqués dans les mêmes circonstances. Nous constatons que nous ne vivons, aimons, travaillons, souffrons jamais seuls.

Votre bien-aimé, ce n'est pas vous

Il peut sembler absurdement évident que l'être aimé n'est pas vous, mais l'une des pires erreurs que vous pouvez commettre en amour est de généraliser en fonction de vous-même; c'est-à-dire, de présumer que votre partenaire est exactement comme vous, en termes de blessures, habitudes, préférences, espoirs et attentes. En effet, nous tombons en amour par la magie d'un autre être humain, au point d'en être hypnotisé, principalement parce que cette personne est différente de nous. Mais bien souvent, une fois que nous avons entamé une relation intime, nous nous comportons comme si notre partenaire était, ou devait être, comme nous-mêmes.

C'est particulièrement visible dans le contexte «nous» du mariage: «Nous n'aimons pas les grandes villes.» «Nous n'aimons pas l'espadon.» «Nous... toujours...» «Nous... jamais...» Et c'est invisible mais néanmoins présent dans nos suppositions personnelles : «Puisque j'aime les vacances en montagne, ça devrait être la même chose pour toi»; «Puisque je me lève dès le lever du soleil, tu devrais en faire autant»; «Puisque je veux des enfants, tu devrais en vouloir aussi»; «Puisque j'aime ma mère, tu l'aimeras aussi»; «Puisque j'exprime l'amour par des paroles, tu en feras de même.» D'innombrables querelles ont été provoquées en présumant que puisque que je conçois ceci, il en sera (ou devra être) de même pour l'autre!

Ces suppositions font que les gens donnent ce qu'ils aimeraient recevoir de la façon dont ils aimeraient le recevoir, plutôt que de donner et de faire ce que leur partenaire désire vraiment. Il en résulte bien des querelles parce que le(la) partenaire ne reçoit pas en fonction de ses attentes. Et la situation s'aggrave parce que la personne dont les attentes ne sont pas comblées se plaint, alors que l'autre se fâche parce que ce qu'elle percevait comme un précieux cadeau est rejeté.

S'attendre à ce que l'autre personne soit un clone de nous-mêmes est comme une béquille émotionnelle que nous traînons depuis l'enfance, alors que nous étions le centre de l'univers. Lorsque nous étions bébés, le monde tournait VRAIMENT autour de nous — lorsque nous nous réveillions en criant à cinq heures du matin, toute la maisonnée se réveillait aussi. Mais en tant qu'adulte, lorsque vous traitez l'être aimé comme si il(elle) était vous, vous lui enlevez le droit d'être un être humain autonome. Vous réduisez la personne qui est à vos côtés à une sorte de non-être. Vous dites, en fait: «Il n'y a que ma perception et mes préférences qui importent — ce que tu ressens, ce que tu penses est sans importance».

L'antidote pour cette situation abrutissante est d'apprendre à faire une chose pourtant bien simple : informez-vous, explorez, demandez, laissez la curiosité vous guider afin de découvrir les besoins et les attentes de votre partenaire. Plus vous connaîtrez précisément qui il est, qui elle est, moins vous commettrez d'erreurs.

À long terme, si vous n'oubliez pas que la personne que vous aimez n'est pas vous, vous vous exposez aux joies de connaître une autre âme, dans sa vérité pure et simple, ainsi que la beauté de son unicité. Et célébrer la différence, c'est vraiment ça l'amour.

L'être aimé n'est pas devin

Si on m'avait donné un dollar à chaque fois que quelqu'un m'a dit : «Pourquoi dois-je demander? Il (ou elle) devrait savoir ce que je ressens, ce que je désire, ce que je pense», je serais riche, je vivrais dans un château en or.

L'amour produit beaucoup de choses magiques, mais il ne nous transforme pas en devins. Nous devons *dire* ce que nous désirons et *formuler* nos besoins. J'insiste sur les mots DIRE et FORMULER. Si vous ne voulez rien d'autre qu'un chandail bleu en angora pour votre trentième anniversaire de naissance, DITES-LE ou vous recevrez probablement un ensemble de boîtes de métal pour la cuisine. Si vous voulez que votre chérie porte une robe noire en soie, sans bretelles, dans les réceptions de Noël et du bureau, FORMULEZ votre intention, sinon elle se présentera probablement vêtue de la petite robe fleurie que vous détestez. Ce n'est pas parce qu'elle ne vous aime pas, c'est tout simplement qu'elle ne peut pas deviner.

Certaines personnes croient qu'obtenir ce que l'on a demandé enlève de la valeur au cadeau mais, en fait, lorsque vous découvrez que la personne que vous aimez vous témoigne son amour au point de vous offrir ce que vous voulez réellement et qu'elle s'est donné la peine de vous l'offrir, c'est, quant à moi, encore plus spectaculaire. Cela veut dire qu'il ou elle désire vous plaire au point de vous offrir ce que vous aimez le plus, que ce soit un nouveau divan pour le salon, un moment en tête-à-tête, une paire de boucles d'oreilles qui sort de l'ordinaire ou tout simplement une bonne épaule pour pleurer.

S'attendre à ce que l'être aimé soit clairevoyant(e) est, bien sûr, un merveilleux fantasme. Il serait merveilleux que votre partenaire connaisse d'avance tout ce que vous voulez et qu'il ou elle puisse le faire apparaître par magie. Abandonner le rêve que votre chéri(e) «sait tout simplement ce que je désire», c'est laisser tomber le fantasme enfantin que vos parents savaient toujours exactement ce que vous désiriez. Il est triste de constater que l'amour a ses limites, qu'obtenir ce que nous désirons demande certains efforts, mais c'est vrai. Une fois que vous aurez enterré vos fantasmes et que vous vous souviendrez que l'être aimé n'est pas divin, vous serez plus encouragé à être franc et plus aventurier dans l'expression de vos besoins et de vos désirs et il est fort probable que l'autre personne sera en meilleure position de les réaliser. En recevant ce que vous désirez, votre coeur s'épanouira en douceur. Vous connaîtrez une nouvelle dimension de l'amour et l'amour jaillira sur votre personne. Donc, qu'est-ce qui vous empêche de demander? Afin de ne jamais oublier ce point important, collez une note sur votre réfrigérateur qui dit : MON CHÉRI N'EST PAS DEVIN!

En amour, les hypothèses sont dangereuses

Hypothèse: une déclaration qui laisse entendre que vous savez ce que l'autre personne pense, ressent ou fait. Émettre une hypothèse blesse inévitablement la personne qui en est l'objet et crée une barrière à l'intimité. Des remarques comme : «Tu ne te soucies pas de moi autant que je me soucie de toi»; «Toi, tu n'as aucun problème d'argent»; «Cela fonctionne infiniment mieux pour toi»; «Tu n'écoutes jamais»; «Tu n'as pas beaucoup à faire aujourd'hui», sont des phrases qui ont toutes pour but de ralentir l'autre personne et qui empêchent notre interprétation personnelle d'être réaliste. Essentiellement, ce que nous disons c'est : «Je sais qui tu es, ce qui se passe en toi, je n'ai pas besoin de ta version des faits.»

L'hypothèse peut ressembler à un viol de l'esprit de la personne qui en est théoriquement l'objet. L'hypothèse réduit la complexité véritable de la réalité et constitue une négation de la nature de l'autre personne. Bon nombre d'entre nous ont vécu cette expérience avec leurs parents : «Tu es paresseux(se); tu ne feras jamais rien de bien». On peut facilement être blessé lorsqu'une personne présume des choses à notre sujet qui sont fausses.

Récemment j'étais chez une amie et j'ai été témoin de la conversation suivante :

Martha : «Je sais que tu rentres tard du travail simplement pour me torturer. Tu es encore fâché au sujet d'hier soir et tu veux me punir davantage.»

Fred : «En réalité...»

Martha : «Avoue donc, je sais que tu es encore fâché. Cesse de prétendre.»

Fred : «Je ne suis *pas* fâché. En réalité, il y a eu une collision frontale sur l'autoroute à une centaine de mètres devant moi. Deux personnes ont été tuées. Il a fallu que je me rende en ville pour alerter les policiers.»

Fred avait été bouleversé par l'accident, mais plutôt que de lui demander la raison de son retard et de tenter de le rassurer, Martha s'est jetée sur lui avec une série d'hypothèses négatives. En retour, Fred s'est fâché et la situation s'est détériorée. Les hypothèses aliènent toujours notre unicité et notre liberté d'expression. Elles ferment la porte aux possibilités en forçant les gens à se retirer, à se cacher davantage. En éliminant les hypothèses, on ouvre les vannes de conversations logiques où les amoureux peuvent afficher leur être véritable et découvrir les merveilleuses particularités de l'un(e) et de l'autre.

La communication est le miracle interpersonnel

Le «manque de communication» constitue de loin l'élément le plus problématique des relations humaines. Ce que les gens disent en fait, c'est qu'ils sentent qu'on ne les *connaît* pas vraiment, d'une façon qui leur donnerait l'impression d'être près, aimés et initiés. C'est parce que la plupart des gens refusent de croire qu'on peut les connaître.

Dans notre for intérieur, nous pensons tous être seuls dans l'univers et que personne ne peut nous comprendre. Bien qu'il soit vrai que personne ne puisse vraiment nous connaître jusqu'à la moelle épinière, nous pouvons être connus de façon merveilleuse et surprenante, si nous sommes prêts à courir le risque de nous révéler.

Contrairement à nos croyances et à nos attentes, la communication n'est pas simplement une conversation où on insère son point de vue en s'assurant d'être entendu. La communication, encore plus que nous pouvons l'imaginer, est aussi réceptive. Elle demande d'écouter, d'observer, de permettre d'être changé par ce qui nous a été dit. Si on n'écoute pas, la conversation pourrait n'être qu'une entreprise à sens unique, laissant incomplète l'arche de la communication. Mais, lorsque la parole *et* l'écoute sont à l'ordre du jour, la communication véritable peut s'établir et les deux partenaires ont le sentiment qu'ils occupent la même scène.

La communication véritable, celle que nous cherchons tous, est l'union des esprits. Par les valeurs que nous échangeons, nous en venons à connaître ce que pense la personne que nous aimons, ce qu'elle ressent et la façon dont elle peut se comporter dans une circonstance donnée. La communication véritable est un «raccordement» au niveau où l'isolement des frontières individuelles est confuse et nous savons, dans notre for intérieur, que nous sommes en communication avec l'essence même de l'autre personne. Ce plateau de raccordement profond et de réalisation interpersonnelle ne se produit pas par enchantement. On y arrive par la pratique constante de l'art de la communication sur les plans intellectuel, sexuel et émotionnel.

La communication véritable demande beaucoup de courage. Elle demande de dépasser les dimensions triviales et d'aller vers la vérité profonde de ce que nous sommes et de ce que nous ressentons, et la volonté de risquer de nous afficher ouvertement devant l'autre personne. La communication véritable est aussi réceptive. Elle indique qu'on aime assez pour être affecté(e) — ému(e), modifié(e), transformé(e) — par les choses que nous avons entendues.

Puisque, essentiellement, elle a la possibilité de nous lier aux niveaux les plus profonds, les plus inexprimés, la communication est un miracle interpersonnel. Elle nous permet de pénétrer à l'intérieur d'une personne, de la connaître et d'en être connu. C'est une façon d'ouvrir les fenêtres de notre âme et de permettre à la lumière d'une autre personne d'y pénétrer.

La communication est une révélation, non un concours

Nous désirons tous désespérément être entendus, savoir qu'on accepte notre présence et qu'on y réagit mais, trop souvent, nous sommes frustrés dans nos tentatives. La raison en est que la plupart d'entre nous ne savent vraiment pas communiquer. Les phrases que nous formulons, le «temps d'antenne» interpersonnel que nous occupons ne veut pas nécessairement dire que quelque chose d'éloquent a été dit ou que quelqu'un a été entendu.

La communication véritable est une révélation, non pas un concours. Bien plus qu'un verbiage dénudé de sens, idiot ou égotiste, c'est un échange de sentiments et d'informations qui peut amener deux personnes à une plus grande connaissance et à l'amour. La communication véritable comporte quatre points :

1. *Le message :* les mots que nous disons pour transmettre un idée spécifique. Généralement, les messages se situent à l'intérieur d'une ou l'autre de cinq catégories : une sensation, par exemple : «Je suis déçu parce que je n'ai pas obtenu d'augmentation»; une bribe d'information : «Le spectacle commence à 13h00»; une demande : «Pouvons-

nous planifier des vacances après la saison active au bureau?»; une supplication: «Dis-moi que je réussirai mes examens de comptable agréé»; ou une préférence : «Je préférerais le papier peint sans motif.»
2. *L'écoute :* le temps réceptif où on tente de capter la signification des énoncés. En écoutant, vous essayez d'absorber ce que l'autre personne dit, plutôt que de tout simplement réagir par une réplique facile;
3. *La réaction :* la communication en paroles de ce que vous croyez avoir entendu et la révélation de ce que ces mots ont provoqué chez vous;
4. *La reconnaissance :* où vous admettez avoir reçu la réponse ou la réaction, en indiquant la façon dont elle vous a affecté.

Une communication n'est complète que lorsque les quatre éléments — la parole, l'écoute, la réaction et la reconnaissance — sont présents. En parlant, nous exprimons ce que nous sommes et ce que nous ressentons. En écoutant, nous écoutons la signification de ce qui a été dit et formons une image, une sensation, un sentiment envers l'autre personne. En réagissant, nous indiquons que nous avons reçu le message et que nous sommes intéressés. En reconnaissant la réponse, nous indiquons notre appréciation devant l'intérêt de l'autre personne.

La communication véritable cherche à découvrir plus et à indiquer plus, plutôt qu'à défendre le statu quo. Elle cherche la révélation, une nouvelle chose à apprendre; ensuite, nous réagissons avec une réponse, un énoncé, afin d'en révéler davantage. La suite est animée par la compassion : l'état d'âme qui vous permet de capter la vérité, que vous parliez ou que vous écoutiez, tout en augmentant le niveau d'intimité en donnant cours à tous les détails qui peuvent être révélés.

Les relations ont leurs saisons

L'amour, ce n'est pas seulement l'ébullition d'une nouvelle passion, c'est aussi l'ensemble des connaissances profondes que nous avons développées à travers nos peines et nos défis d'amour. La relation débute avec l'énergie printanière d'un nouvel amour et d'une ferveur avide, qui se déplace, avec le temps, dans une variété de saisons. Au fur et à mesure que l'amour progresse, on a plus (ou moins) de temps à passer ensemble, ou on a la sensation qu'on n'a rien à se dire; il y a des moments où on pense qu'il serait impossible de vivre sans lui, sans elle.

Les gens et les circonstances extérieures tiraillent nos amours : le travail, la belle-famille, les enfants, les soucis financiers, les problèmes de santé, les pertes dues à une séparation et la mort. Tout changement peut être désastreux pour la stabilité d'une relation. Une nouvelle carrière, un projet de rénovation ou un déménagement dans une nouvelle ville peut entraîner un problème, un malaise dont nous pouvons facilement nous décharger sur les épaules de notre partenaire. Même nos propres craintes, nos échecs peuvent amener un doute quant à nos amours et, parfois, les désorganiser totalement, sans qu'on en soit conscient. Bien des couples traversent des périodes difficiles lorsqu'ils se demandent s'il leur sera possible de capturer, une fois de plus, les sentiments de tendresse, de désir et de assion qui les ont amenés ensemble. Parfois, les crises semblent presque impossibles à traverser, mais en fait, elles indiquent que la relation traverse un bouleversement émotionnel. C'est en abandonnant une vieille peau, une façon de vivre ensemble qui a besoin d'une bonne révision, que les partenaires pourront atteindre un niveau de vie plus élevé.

Lorsque nous traversons une de ces phases de blessure ou de désenchantement, nous devons nous souvenir qu'il existe, comme dans la nature, un changement de saison; ainsi, le printemps d'un nouvel amour s'épanouit dans les profondeurs de l'été et de la passion; l'automne des coeur à coeur et de la douce compagnie peut aussi faire place à la froideur et à l'éloignement de l'hiver.

Si vous vous souvenez que les relations ont elles aussi leurs saisons, vous ne vous attendrez pas à ce que la vôtre demeure inchangée. Vous apprécierez plutôt les changements et chercherez à vous placer à la hauteur de la situation.

Acceptez donc votre amour avec courage. Interprétez les moments difficiles comme une invitation à la transformation. Cramponnez-vous, lors des moments difficiles, en vous souvenant que les éléments qui vous ont unis dès le début sont encore présents. Et sachez que, comme les saisons, les moments merveilleux, rehaussés par l'expérience et les douleurs que vous avez partagées, reviendront bénir et enflammer votre amour une fois de plus.

Les coutumes de l'amour

Le maintien de votre amour-propre

Aimez-vous

Nous sommes plusieurs à croire que l'amour est un miracle qui nous amènera, à la fin, à devenir un être humain complet. Il s'agit là d'une notion «réparatrice» de l'amour, une idée que nous ne sommes pas bien comme nous sommes, mais que si nous réussissons à nous faire aimer de quelqu'un, nous prouverons que nous sommes normaux.

Aussi ironique que cela puisse sembler, cependant, avant d'être bien aimés, nous devons commencer par nous aimer nous-mêmes. En amour, nous n'obtenons pas nécessairement ce que nous méritons, mais ce que nous PENSONS mériter. Tout comme monsieur «Toul'monde», qui a fait l'acquisition d'une maison d'un million de dollars et qui pourrait la vendre pour seulement 500 000 $ si c'est tout ce qu'il croit qu'elle vaut — la personne qui se sous-estime ou qui sous-estime ses propres valeurs en sortira toujours perdante en amour.

L'amour engendre l'amour. Si vous manquez d'estime envers vous-même, vous ne pourrez jamais être touché positivement par la personne qui reconnaît en vous l'élément spécial que vous ne croyez pas avoir. Si vous ne connaissez pas et n'aimez pas ce qui est important, spécial, précieux et beau en vous, je peux vous assurer qu'on ne vous dira jamais de mots doux, que vous ne recevrez jamais de roses, que vous ne serez jamais glorifié(e), que vous ne serez jamais gâté(e) de baisers doux à tous les jours, par une personne qui croit en vous.

S'aimer c'est se connaître, être fier de soi, s'accorder une certaine valeur et reconnaître que la connaissance de soi est une entreprise personnelle qui dure toute une vie. S'aimer c'est s'apprécier, au moins autant que la personne que vous aimez, tout en sachant qu'elle est aussi chanceuse en amour que vous croyez l'être vous-même. Cela veut dire que vous mesurez vos forces et vos faiblesses, non pas en vous dépréciant exagérément, non pas avec un ego fou, mais avec précision et authenticité. En vous aimant, vous reconnaîtrez vos dons et vos talents, et en les utilisant à bon escient, vous reconnaîtrez vos imperfections et vous vous pardonnerez ces petits défauts. En vous aimant, vous accédez à ce qu'il y a de mieux en vous.

Bien souvent, nous acceptons un traitement médiocre en amour parce que nous ne croyons par mériter mieux. Mais l'amour-propre est toujours le modèle de l'amour auquel vous pouvez raisonnablement vous attendre — la dimension exacte de l'amour que vous donnerez et que vous recevrez. Votre coeur ne peut contenir que la quantité d'amour que vous croyez. Donc, traitez-vous plus favorablement, croyez que vous méritez d'être bien traité et vous serez traité de façon merveilleuse en amour.

Dites ce que vous ressentez

Les sentiments habitent en nous comme une rivière et traversent notre conscience comme un courant sans fin. Ils passent à travers la crainte, la tristesse, la honte et la colère pour se transformer en joie, en délice, en exubérance, en enjouement. À tout moment, nous pouvons toucher et découvrir ce que nous ressentons. En affirmant nos sentiments, nous les transformons en langage audible et nous découvrons l'articulation des émotions constamment sous-jacentes dans notre vie.

En faisant part de vos marées émotionnelles à la personne que vous aimez, vous continuez en quelque sorte à vous faire aimer de votre partenaire et vous l'étonnez. Nous croyons souvent que l'intimité se crée tout simplement en tombant en amour ou par les choses que nous faisons, que nous planifions, que nous achetons ou que nous poursuivons ensemble. Mais, c'est précisément en apprenant à connaître l'autre personne par le biais de ses émotions que nous nous sentons réellement liés. En réalité, le coeur même d'une relation intime est un processus d'échange de sentiments à un très haut degré.

Vraiment, c'est la révélation de sentiments qui accroît l'intimité entre deux personnes. C'est au travers de nos sentiments, de notre capacité d'être enchanté ou déçu, d'avoir de la peine, d'avoir peur, de désirer, de subir une perte, que nous plongeons dans le courant humain et que nous nous associons l'un à l'autre, au plus haut niveau. Voilà pourquoi, lorsque vous affirmez ce que vous ressentez, votre partenaire se découvre à travers vous.

Il est cependant triste de constater que c'est souvent lorsque nous aimons quelqu'un que nous sommes portés à ne pas partager nos émotions et à en revenir aux échanges d'informations, parce qu'il ne nous vient pas à l'idée que l'autre personne soit intéressée à nos choix, à nos craintes ou à notre tristesse. De cette façon, la proximité engendre le manque de connaissance.

Mais, croyez-le ou non, c'est précisément l'expérience que recherche l'être aimé. Il *demande* à voir le kaléidoscope de vos émotions.

Lorsqu'il vous est difficile d'exprimer vos émotions, vous devez savoir qu'il est utile de plonger dans des courants inconnus et de découvrir vos trésors intérieurs. Non seulement votre partenaire éprouvera un certain plaisir à communiquer avec vous de cette façon, mais l'expérience de la découverte et de l'identification de vos sentiments vous fera connaître la richesse de votre vie intérieure. Donc, permettez à la personne que vous aimez de s'introduire dans le labyrinthe de vos sentiments, de sorte qu'elle puisse vous aimer davantage en disant, précisément et toujours, ce que vous ressentez dans votre coeur, dans votre esprit.

Demandez ce dont vous avez besoin

Demandez ce dont vous avez besoin ou, tout simplement, affirmez que quelque chose vous dérange et que vous avez besoin d'aide ou d'une réaction quelconque. «Fermerais-tu la fenêtre s'il te plaît? J'ai froid.» «J'ai besoin que tu me tiennes dans tes bras; j'ai peur.» «Veux-tu me frotter dans le dos? J'ai mal à l'épaule.» «Pourrais-tu laisser tomber la joute de baseball et m'amener au cinéma? J'ai été seule à la maison toute la journée et je suis à bout de nerfs.»

Demander ce dont on a besoin paraît simple mais c'est plus difficile qu'on ne le croit et nous le faisons rarement. En fait, c'est tellement difficile (ou facile) que la plupart d'entre nous essayons n'importe quoi avant de demander, simplement et directement, ce dont nous avons précisément besoin. Nous aimons mieux présumer que l'être bien-aimé le devinera sans qu'on le lui dise, ou espérer qu'avec le temps, notre conjoint(e) le découvrira comme par magie. Bien souvent, nous oublierons et abandonnerons plutôt que de demander.

Nous n'aimons pas demander parce que nous croyons que nous révélons ainsi que nous avons des besoins — mais c'est précisément ce que c'est. Demander signifie que nous nous retrouvons dans un état de vulnérabilité et que nous espérons que l'autre personne se souciera assez de nos besoins pour nous aider dans notre condition piteuse, imparfaite et inadéquate. Malheureusement, lorsque nous sommes en amour, nous sommes portés à croire que nous devons être parfaits et invulnérables en tout temps. C'est un peu comme si l'on croyait que seuls les gens qui n'ont absolument besoin de rien peuvent être aimés. En réalité, l'amour se charge de notre vulnérabilité et le don de l'amour peut faire pour nous ce que nous ne pouvons faire nous-mêmes.

En demandant ce dont vous avez besoin, vous révélez votre fragilité d'être humain et vous invitez la personne que vous aimez à partager la sienne. La réaction à une demande formulée accorde non seulement à la personne qui a besoin d'aide le plaisir de voir son besoin comblé, mais apporte aussi à celle qui donne le sentiment qu'elle est efficace et qu'elle sait donner du bonheur. En de tels moments, vous avez tous les deux l'occasion de partager votre amour et votre humanité.

Cependant, demander quelque chose ne veut pas nécessairement dire que vous l'aurez. Le fait de demander n'offre aucune garantie de succès, par exemple vous pouvez demander à votre conjoint de vous acheter une Jaguar, ce qui ne veut pas dire qu'il aura les moyens de vous l'offrir. Lorsque vous apprenez à demander, ne pas recevoir peut être décourageant. Mais souvenez-vous que demander augmente de beaucoup vos chances; plus vous demandez, plus il y a de chances que vous obteniez ce dont vous avez besoin.

Affichez un courage émotionnel

Trop de gens sont des froussards émotionnels, qui ont peur de divulguer ce qu'ils ressentent vraiment. Nous craignons que ce que nous affirmons soit ignoré, ridiculisé; donc, plutôt que de courir le risque de parler de ce qui ne va pas, nous nous renfermons. Bien souvent, nous nous en défendons en prétendant qu'on ne gagne jamais rien à extérioriser ses problèmes. Pourtant, toutes les émotions refoulées, dissimulées intérieurement ou endormies de différentes façons se soldent toujours par une perte physiologique, émotionnelle et spirituelle.

Les tristes origines du froussard émotionnel datent de l'enfance. Elles ont commencé au moment où les gens refusaient de l'écouter ou qu'ils lui laissaient entendre que ce qu'il disait était sans importance, ou lorsqu'il sentait que personne ne pouvait comprendre son anxiété. Cette sensation lui faisait peur. Et la peur lui a enseigné à dissimuler ses sentiments.

Mais si vous faites preuve de courage, en dépit des possibles effets adverses, vous prenez le risque de dire les choses qui vous donneront le sentiment d'être exposé et vous aurez confiance en un dénouement favorable. Les chances sont que tout finira bien, puisque révéler sa vulnérabilité rapproche les couples plus souvent qu'autrement.

Par exemple, Lana avait peur de confier à Ron qu'elle avait été abusée sexuellement au cours de son enfance. Elle craignait qu'il croit qu'elle avait été salie, que cela provoquerait en lui un certain dégoût et qu'il la rejetterait. Elle a finalement eu le courage de le lui dire et il fit preuve d'une grande compassion. Il la serra tendrement contre lui et l'assura qu'il était attristé par son témoignage — les larmes de Lana lui ont été d'un grand secours.

Il n'y a pas que les grands secrets que nous avons peur de révéler. Plusieurs d'entre nous n'aiment pas parler de choses qui peuvent être interprétées comme une confrontation : «Je ne veux pas aller au Café Taj Mahal. Je préférerais aller au Club Haricot pour dîner»; «Je t'en veux un peu de ne pas avoir voulu faire l'amour hier soir»; «Jeudi c'est ma fête et j'espère que tu t'en souviendras, sinon je serai terriblement déçue.» Mais, bien sûr, c'est précisément les choses que vous avez peur de dire à l'être aimé qui vous révèlent sous votre angle véritable.

Voici comment être courageux émotionnellement : la prochaine fois que vous aurez peur de dire ce que vous pensez, demandez-vous : *Qu'est-ce que j'ai à cacher?* Généralement, vous avez déjà la réponse en tête. Demandez-vous ensuite : *Pourquoi ne pas lui dire immédiatement?* Il y a peut-être une bonne raison — il vient tout juste de perdre son emploi, les deux enfants pleurent, il faut que vous partiez pour participer à une réunion d'affaires, votre belle-mère est au téléphone. Dans de tels cas, il est peut-être préférable de retarder vos commentaires à un autre moment. Mais s'il n'y a pas de bonne raison qui vous empêche de parler MAINTENANT, ouvrez la bouche et crachez les mots qui veulent sortir. Vous vous sentirez mieux et votre franchise à tous les deux améliorera grandement votre relation.

Révélez les choses qui vous donnent la sensation d'être aimé

Kristen est tombée en amour avec Tommy parce que lors de leur premier rendez-vous, il s'est présenté à la maison en portant une chemise de flanelle à carreaux rouge et noir, avec deux bouteilles de bière allemande, une boîte de biscuits sodas salés et une pointe de camembert. «C'était merveilleux», dit-elle, «il m'a crue lorsque je lui ai dit que j'adorais le camembert.»

Sa meilleure amie, Phyllis, était loin d'être impressionnée. «Si quelqu'un s'amenait chez moi pour me faire la cour avec du camembert, je ne serais peut-être pas insultée, mais je ne serais certainement pas heureuse. Qu'on m'apporte plutôt un bouquet d'oeillets roses n'importe quel jour de la semaine.»

Comme le démontre bien la différence entre Kristen et Phyllis, l'amour n'a pas d'effet lorsqu'il ne se manifeste pas sous la forme qui nous convient, en dépit des efforts de la personne qui nous aime. Trop de gens attendent ou, pis encore, s'attendent à ce que l'être aimé leur donne la sensation d'être aimé exactement quand, où, comment et sous la forme qui leur plaît!

Le message ici est ce que j'appelle la théorie de «l'amour du fromage camembert.» C'est simple: si c'est le camembert qui vous donne la sensation d'être aimé, il serait avantageux d'en faire part à votre compagnon ou compagne afin qu'il(qu'elle) vous en offre. Cela veut tout simplement dire que nous avons tous nos préférences, qu'elles soient ordinaires ou extraordinaires, et que personne ne peut nous donner la sensation d'être aimé si elle ne connaît pas exactement nos préférences.

Qu'on le sache ou non, nous cachons tous une petite liste des choses qui nous donnent la sensation d'être aimé : qu'il porte votre photo dans son portefeuille; qu'elle gratte votre nuque; qu'il prépare un dîner pour vous; qu'elle porte votre tee-shirt bleu favori au gymnase. Quels sont les items sur votre liste? Pensez-y, notez-les et partagez-les avec votre partenaire.

Bien sûr, vous ne serez jamais aimé exactement, entièrement, toujours ou précisément selon vos attentes. Mais donnez une chance à votre amour de faire de son mieux dans ce domaine, en lui disant ou en lui montrant les items de votre liste.

Bien que des gens me disent souvent : «Si je dois le lui dire, ça ne compte pas!». La vérité c'est que personne ne peut deviner les nombreux petits items qui sont sur votre liste. Il y a autant de «listes d'amour» qu'il y a de nez différents, et si vous attendez que l'autre découvre ce qui vous donne la sensation d'être aimé, il se peut que vous passiez votre vie à attendre de recevoir ce que vous cherchez. Le fait de placer les choses sur la liste vous *accorde* cette sensation, même si vous devez la coller sur le mur de la salle de bains ou la publier dans le journal.

Donnez donc la chance à votre partenaire de vraiment vous aimer. Préparez votre propre liste.

Exposez votre scénario d'amour secret

Nous avons tous notre propre scénario d'amour, un fantasme qui nous donnera la sensation d'être réellement aimé. Il représente la réalisation de nos désirs les plus chers, les choses que nous croyons irréalisables, mais qui se réaliseront dans notre coeur, de toute façon. Quels que soient ses composants magiques, le secret est tel qu'on hésite à l'identifier consciemment.

En exposant votre scénario secret, vous vous permettez et vous permettez à l'être aimé de comprendre exactement un fait, ou une série de faits, qui vous donnera l'impression d'être aimé(e) et spécial(e), que ce soit par rapport à un objet (des bâtons de golf avec monogramme), à une attitude (une gerbe débordant de mots adorables), à une atmosphère (la musique qui plaît tout particulièrement), ou à une préférence sensuelle (une façon précise de faire l'amour).

Ce scénario peut concerner le rêve d'une occasion en particulier, ou il peut se rapporter à un style de vie, un ensemble de circonstances spéciales ou à une façon émotionnelle d'être: «Ce qui me donnerait l'impression d'être réellement aimé c'est que la femme de ma vie dorme toute la nuit, la tête sur ma poitrine — tous les soirs»; «J'aimerais une fête sur la terrasse pour mon anniversaire de naissance avec des robes blanches, des lanternes dans les arbres et un orchestre qui joue la musique de Count Basie»; «J'ai toujours désiré une femme qui m'observerait des gradins pendant que je participe à une joute de polo»; «J'ai toujours rêvé d'aller à Paris avec quelqu'un que j'aime.»

Quels que soient vos goûts particuliers, votre conjoint(e) a besoin de les connaître. Il n'est pas toujours possible de réaliser des fantasmes, mais les chances tombent à zéro si on n'en fait part à personne.

En vous donnant le droit de découvrir votre scénario et en courant le risque de le révéler à votre conjoint(e), dans toute sa délicieuse extravagance, vous franchissez la première étape de sa réalisation. Lorsque l'être aimé commence à connaître vos désirs secrets, il ou elle peut commencer à vouloir les réaliser. Il se peut qu'elle ne dorme pas toute la nuit la tête sur votre poitrine, mais il se peut qu'elle le fasse pendant quelques minutes tous les soirs. Peut-être qu'il n'a pas les moyens de vous offrir toutes ces roses en ce moment, mais il peut vous offrir la première douzaine maintenant et vous donner les autres au moment où ses finances le lui permettront.

Donc, inutile de garder plus longtemps le secret de votre scénario d'amour. Exposez-le entièrement. Donnez à votre partenaire la chance de vous aimer de la façon précise qui vous plaît. Courez le risque de connaître le bonheur absolu!

Rendez-vous la vie facile

Nous avons tous, un jour ou l'autre, eu la tentation morbide et délicieuse de nous blâmer pour tout ce qui ne fonctionne pas bien dans notre relation, et même, dans la vie en général. Que vous vous querelliez ou que vous soyiez trop peureux(se) pour démarrer une discussion, que vous atteigniez l'orgasme ou que vous ne l'atteigniez pas, que vous preniez une éternité avant de décider quelque chose ou que vous décidiez de façon impulsive, que vous gaspilliez de l'argent ou que vous soyiez avare, que vous soyiez fanatique de la propreté ou que vous soyiez malpropre — quelles que soient vos habitudes, vos prédilections, vos attitudes ou vos attentes, vous finirez probablement par vous blâmer de tout ce qui ne va pas dans votre relation.

Rob s'était blâmé pendant des années parce qu'au moment où lui et Jane devaient prendre une décision au sujet de quelque chose d'important, il devait y penser pendant des semaines. Il analysait, s'endormait en y pensant, consultait ses «agents secrets» comme il les appelait, ensuite, bien longtemps après que Jane se soit elle-même décidée et qu'elle semblait taper d'impatience son crayon sur la table de la cuisine, il prenait finalement sa décision. Une fois que Rob avait mis bien du temps à *mijoter* sa décision, comme le disait souvent Jane, ils perdirent la chance unique d'acheter ce qu'ils avaient cru être leur maison de rêve. Rob avait pris tellement de temps à analyser tous les éléments comparables, à rechercher la meilleure hypothèque, que trois semaines s'étaient écoulées et la maison était passée aux mains d'une autre personne. Bien que Jane eut été déçue, elle s'en est remise assez rapidement. «Ces choses-là se produisent», lui confia-t-elle, «ne t'en fais pas, nous trouverons une autre maison parfaite.»

Mais, longtemps après avoir emménagé dans une magnifique maison, Rob s'en voulait toujours au sujet de la maison que son indécision leur avait fait perdre. «J'aurais dû écouter Jane. Je ne devrais pas être perfectionniste à ce point pour chaque petite décision. Je suis vieux jeu, pourquoi ne puis-je tout simplement pas me décider?»

La réalité est que, peu importe notre style, peu importe ce que nous faisons de façon précipitée ou ne faisons pas à temps ou de la bonne façon, nous faisons tous de notre mieux. Nous en vouloir, nous blâmer, revivre sans fin nos erreurs — comment on a agi ou pas agi, ce qu'on a fait ou pas — n'améliore jamais la situation.

Regardez-vous dans un miroir avec compassion. Acceptez vos petites et curieuses particularités. Reconnaissez qu'il est merveilleux d'être ce que vous êtes, qu'il est parfaitement normal que vous soyiez différent des autres. Comme le veut le vieil adage Yiddish : «Si je dois être comme lui, qui sera comme moi?» En étant moins exigeant envers vous-même, vous vous acceptez tel que vous êtes, vous vous pardonnez vos erreurs et vous poursuivez votre chemin en acceptant affectueusement vos faiblesses, vos caractéristiques. C'est seulement en étant tendre envers vous-même que vous deviendrez accommodant(e) et enclin(e) à pardonner à la personne que vous aimez. Donc, faites une pause et décidez que vous êtes parfait(e) comme vous êtes.

Comblez d'amour l'être aimé

Célébrez l'exceptionnel

Nous tombons tous en amour pour une raison quelconque. Il y a quelque chose de tellement unique et rare dans la personne que nous aimons, quels que soient ses erreurs et ses défauts, que nous revenons toujours sur la qualité indicible qui est à la source de notre amour.

En tenant compte de cette qualité, en la remarquant chez l'être aimé, en en parlant à vos amis et à vos enfants, vous conserverez cet amour frais et vivant. Il nous fait toujours plaisir de recevoir des compliments : «Tu es si bien organisé(e). Je ne partirais jamais pour le bureau avec ma mallette si ce n'était de toi»; «Tu es toujours si calme. Sans ton équilibre, je serais probablement dans un asile d'aliénés.» «Tu sais toujours exactement quoi faire pour remonter le moral.»

Les compliments sont la nourriture verbale de l'âme. Ils engendrent l'amour-propre et, de façon très subtile, créent la personne dans toute son essence! Les compliments invitent la personne louangée à accepter une nouvelle perception d'elle. Tout comme les couches de nacre d'une perle recouvrent un grain de sable qui irrite, les compliments nous enveloppent de beauté.

En célébrant l'exceptionnel, vous découvrirez non seulement les valeurs de l'autre mais aussi votre propre cachet spécial. En considérant avec attention le caractère unique de l'être aimé, vous découvrirez la grandeur de vos qualités. Le caractère exceptionnel de l'être aimé est une réflexion de vous-même; vous ne seriez pas dans les bras de cette personne incroyable s'il n'y avait pas quelque chose de spécial chez vous. En appréciant la beauté de votre femme, vous vous souvenez de vos propres valeurs. En appréciant la sensibilité de votre mari, vous vous rendez compte que vous êtes le type de personne dont la présence engendre l'éclosion de l'élégance émotionnelle.

De toutes sortes de façons, nous confirmons non seulement que nous sommes chanceux en amour, mais que nous sommes digne de cet amour. En appréciant la chance que nous avons d'être ensemble, nous créons un sentiment d'espoir et de joie relatif à un amour mutuel. Donc, toute louange envers la personne que vous aimez et l'appréciation d'une telle attention vous reviendront au centuple.

Louangez le quotidien

La vie, telle qu'on la connaît, comprend malheureusement une multitude de choses ennuyeuses, assommantes et parfois offensives. Nettoyer les dégâts du chien, jouer aux serpents et aux échelles pour la trentième fois dans la même journée avec votre fils de trois ans, préparer le dîner pour telle heure après une journée folle au bureau — aucune de ces choses n'apporte d'élément spécial à la vie.

On accomplit ces tâches dans le cadre d'un amour mutuel et on continue à le faire, puisque ces petits détails font partie de l'héritage de la générosité de l'amour et les étapes qu'il doit traverser pour faire valoir sa douceur humaine. La louange des actes simples comme : «Tu as vraiment préparé un beau dîner pour mon patron»; «Merci, chéri, d'avoir nettoyé la penderie»; «C'est important pour moi qu'il y ait toujours du lait à la maison pour mon café»; «J'apprécie que tu trouves toujours le moyen de régler les factures» rendent les choses plus supportables. Comme l'affirme Kim, mon traiteur: «Il est bon d'être reconnue, même si ce n'est que pour mes petites qualités.» Lorsqu'on reçoit un compliment, on ressent non seulement l'appréciation devant les petites choses que l'on accomplit, mais on réalise que notre partenaire sait qu'on les fait par amour. Dans un mariage, tout spécialement, il est facile de s'abaisser au niveau d'une servante ou d'un homme à tout faire et d'avoir la sensation que le seul rapport qui existe entre les deux personnes est celui des travaux domestiques. Mais lorsqu'on louange le quotidien, on reconnaît que ce ne sont pas là les grandes entreprises que l'on vise mutuellement. La louange permet à l'autre personne de ressentir une certaine gratitude devant l'accomplissement des tâches banales et parfois déplaisantes de la vie. Et puisqu'on accorde une grande valeur aux petites choses qu'il accomplit, qu'elle réalise, on maintient le terre à terre à sa place et on se souvient que l'amour repose sur des considérations beaucoup plus profondes et beaucoup plus spéciales.

Il ne faut donc jamais tenir pour acquis qu'on est aimé — il est facile d'oublier les petites choses que notre partenaire fait pour nous dans l'accomplissement de ses tâches quotidiennes. Trouvez une façon de vous en souvenir : attachez un bout de corde à votre petit doigt, collez une note sur le miroir, écrivez un aide-mémoire et placez-le dans votre tiroir de sous-vêtements. Les louanges du quotidien sont une façon bien simple de maintenir l'enthousiasme du couple dans les vallées de la banalité qui repose entre les sommets des moments spéciaux.

Transformez l'ordinaire en extraordinaire

Un des éléments merveilleux de l'amour est qu'il permet de rehausser la signification d'un geste pourtant simple, de rendre spécial un endroit bien ordinaire, de faire de la magie. Transformer l'ordinaire en extraordinaire, c'est offrir un petit quelque chose sans raison spéciale, ce qui, de nos jours, où tout s'obtient instantanément, transforme l'ordinaire en extraordinaire. Par exemple, c'est un luxe de s'offrir une tarte faite à la maison, un bas reprisé à la main, une armoire à épices fabriquée par un artisan.

De temps à autres, Jean offre à Diane une enveloppe remplie de coupons, en échange desquels il nettoie ses souliers, affûte les couteaux, plante les pétunias sur la véranda, met de l'ordre dans la penderie de l'entrée. Joanne répare les chandails de Nicolas et recoud ses boutons; une fois l'an, lorsqu'il est absent, elle passe une journée toute entière dans sa penderie afin de réparer les vêtements de Nicolas qui demandent une attention particulière. «C'est la chose la plus spéciale, de dire Nicolas, c'est adorable, parce que je sais qu'elle n'a vraiment pas le temps de le faire.»

Parfois, transformer l'ordinaire en extraordinaire, c'est tout simplement créer une occasion de faire ensemble un travail bien ordinaire. Lorsqu'ils organisent une réception, Sonia et René lavent la vaisselle ensemble, même s'ils possèdent un lave-vaisselle. «Nous aimons vraiment ça. L'eau savonneuse, les torchons à vaisselle nous donnent l'impression que c'est facile, amusant. Pour nous, c'est une façon de relaxer, de parler des gens que nous avons reçus, de nous comparer avec nos amis, de nous rappeler ce que nous avons. Certaines choses amusantes se produisent. Normalement, nous ne prendrions jamais le temps de nous dire ces choses en lavant la vaisselle, mais cela semble tellement facile d'être debout, l'un à côté de l'autre, et d'échanger.»

En transformant l'ordinaire en extraordinaire, vous vous dites de façon très simple que vous vous aimez. Vous vous souvenez que vous avez combiné vos destins et que vous désirez conserver pour longtemps votre vie ainsi tricotée. Et puisque les choses ordinaires nous rappellent inconsciemment les moments tout simples de la vie, elles sont comme un baume calmant dans notre vie stressante. Les choses ordinaires nous rappellent qu'en dépit des complications de la vie, les gestes d'amour les plus doux, les plus enrichissants sont... très simples!

Soyez une personne de paroles

Les mots — et la façon dont nos actions les suivent, ou ne les suivent pas — peuvent nous blesser ou nous guérir de façon incroyable. En vérité, les mots créent la réalité, puisque nous investissons tous dans les paroles des autres par nos espoirs, nos craintes et nos attentes. Donc, pour maintenir la flamme de l'amour dans votre vie, soyez une personne de paroles.

De cette façon, vous introduirez la loyauté dans votre relation. Cela signifie que non seulement vous garderez vos promesses, mais de façon plus générale, vous direz ce que vous pensez et vous ferez ce que vous dites.

Rien ne peut miner une relation plus profondément qu'une abondance de mots sans signification. Pour plusieurs d'entre nous, les plus grandes trahisons de notre vie nous ont été imposées par des paroles fausses: «Il m'a dit qu'il travaillait tard au bureau alors qu'en réalité, il avait une aventure»; «Mon père m'a promis de m'amener en Europe, mais il a marié ma belle-mère et a fait le voyage avec elle»; «Elle m'a juré qu'il n'était qu'un ami, mais j'ai découvert qu'elle était en amour avec lui depuis des années.»

Puisque nous avons tous été blessés par des mots, lorsque nous nous retrouvons devant des promesses non tenues, nous pouvons être bouleversés jusqu'au plus profond de nous-mêmes. Nous aimons tous croire que notre partenaire est à tout épreuve, que c'est toujours acceptable de ne pas dire exactement ce que nous pensons, ou de dire quelque chose qui s'avère faux.

Mais en réalité, notre coeur ne peut endurer qu'un certain nombre de petits mensonges ou de promesses involontairement brisées. À un certain point, notre confiance commence à s'effriter et nous nous mettons à prendre note des occasions où notre partenaire n'a pas fait ce qu'il ou elle avait dit et, de façon très subtile, nous commençons à avoir moins confiance en ses paroles. Sans nous en rendre compte, nous commençons à ne plus écouter, à ne plus croire ce que notre partenaire peut encore affirmer de façon sincère.

Donc, sauf quelques exceptions inévitables — vous aviez promis d'aller à la réunion de son collège et, le soir précédent, vous avez eu un problème de dos — soyez sincère dans tout ce que vous dites. Si vous êtes une personne de mots et de paroles, vous construirez une forteresse de confiance dans votre relation et cette confiance vous permettra de savourer pleinement les paroles et les louanges qui sont les marques d'un amour éternel.

Critiquez discrètement

Nous faisons tous des choses plus ou moins imparfaites — certains parlent trop rapidement ou interrompent constamment les autres; d'autres sont perpétuellement en retard, négligent l'entretien de leur maison ou sont trop perfectionnistes dans leurs méthodes de travail. Les choses que l'on accomplit de travers sont assez gênantes et il n'est certainement pas nécessaire qu'on se le fasse souligner en public.

Lancer des phrases ou de petites critiques présumément innocentes comme : «Tu ne penses jamais à sortir les ordures» ou «Tu salis toujours tes vêtements; tu es tellement gauche», même en blaguant, en présence d'amis, du plombier, d'un invité, de votre tante ou de votre belle-mère, est dégradant pour votre conjoint. Ces remarques ont pour effet de l'abaisser, de le rendre inutile, sans valeur et de le punir en présence de gens devant lesquels il préférerait se sentir entier, efficace et digne de leur compagnie. À toute fin pratique, ce n'est certes pas une façon de solidifier une relation. Comment pourriez-vous avoir le goût d'accompagner votre femme au garage avec la voiture, si, en arrivant à son bureau, elle vous reproche devant son patron le temps que vous avez mis pour vous y rendre?

Les réprimandes ont toujours un rapport douloureux avec l'enfance. Elles rappellent le sentiment de médiocrité et d'impuissance du petit enfant à la merci de ses parents. Pour cette raison, il est très douloureux de nous faire rappeler nos fautes, nos manques et nos erreurs devant quelqu'un, sauf l'entourage intime, qui, nous l'espérons, comprendra et pardonnera.

Il est vrai que nous avons des petits défauts qui méritent d'être corrigés et, lorsqu'on nous en fait part discrètement, nous avons envie de les modifier. Les critiques, comme l'encouragement, peuvent changer notre route et devenir une fonction créative.

Lorsque la critique est lancée en public, elle ronge notre dignité et plutôt que de corriger ce qui doit être amélioré, elle provoque une certaine crainte. Il est alors facile de croire que nous ne sommes pas acceptables et éventuellement, dans le but de régler la situation, il se peut que nous pensions que notre partenaire ne nous accepte pas. Il se peut aussi que notre couple fasse alors l'objet de taquineries, de jugements et d'humiliation.

La calomnie est l'antithèse de l'amour, de l'unité et du rapprochement. Plutôt qu'une invitation au changement, la réprimande est un acte destructeur de l'esprit. Préservez votre amour en demeurant silencieux(se) jusqu'au moment où vous serez dans les bras de la personne aimée.

Provoquez l'inattendu

Sarah a surpris son mari Mathieu le jour de son anniversaire, en se présentant à son bureau avec des bas noirs à mailles, un haut de forme et une queue de pie, un gâteau et en chantant «Bonne fête.»

Marc demanda à Nicole de l'accompagner afin d'acheter des films pour sa caméra. Il l'amena ensuite au parc, sortit de la voiture un panier de pique-nique et un magnifique bouquet de roses rouges et, sous les ormes, lui demanda de l'épouser.

Suzanne glisse parfois du parfum d'orange dans l'eau du bain de Frédéric; Frédéric, pour sa part, chante des sérénades à Suzanne sur le balcon de leur chambre à coucher. Émilie dissimule une note d'amour entre les tee-shirts de François et François offre à Émilie de nouveaux déshabillés, sans raison véritable.

Tous les gens (ou presque) aiment les surprises, l'inattendu, l'inhabituel, le beau temps après la pluie. Les événements non prévus nous laissent confus mais heureux, donc, ajoutez du piquant dans votre vie en faisant quelque chose de complètement différent. Lancez des pétales de gardénias sur le lit, laissez une note d'amour dans le congélateur, lisez une histoire à l'être aimé avant qu'il ou qu'elle s'endorme, enfouissez des billets d'entrée au cirque sous l'oreiller, amenez l'amour de votre vie chez une diseuse de bonne aventure, suivez la femme de votre vie, pendant toute une journée, avec une caméra et montez un album photographique de sa vie, laissez un message secret érotique sur son répondeur, appelez-le au travail tout simplement pour lui dire que vous l'aimez, servez-lui un dîner au lit... avec chandelles. Prétendez être endormi et réveillez votre épouse en lui faisant l'amour.

Accomplir des choses inattendues produit inévitablement des résultats merveilleux. Vous avez ainsi l'occasion de donner libre cours à votre imagination et d'utiliser votre créativité (que vous avez peut-être négligée), ces petites choses qui donnent l'impression à votre partenaire qu'il est ou elle est spécial(e) et cette démarche enrichit votre amour.

Il est facile d'embarquer dans une routine où vous recommencez toujours les mêmes choses. C'est l'exceptionnel qui donne à l'amour la sensation d'amour et non la version routinière, quotidienne, sans éclat, vécue par deux personnes. Donc, provoquez l'inattendu — de quelle que façon que ce soit et aussi souvent que vous le pouvez — et vous verrez votre amour passer de la froideur de l'eau de vaisselle au pétillement du champagne.

Agissez bien en public

Votre relation, tout comme vous, a sa propre image. Vous et votre partenaire avez formé une union afin d'exprimer, entre autres, le fait que deux personnes vivant ensemble représentent quelque chose de valable et de magnifique. Élever votre relation ainsi que l'autre personne au plus haut niveau signifie qu'en public, vous les traiterez comme un trésor.

Bien se comporter en public veut dire que vous ne reluquerez pas quelqu'un d'autre de façon provocante et que jamais vous ne direz des choses déplacées à l'endroit de votre partenaire. Surtout, vous ne vous querellerez jamais en présence d'autres personnes.

Ne transformez jamais votre chérie en grincheuse, lors d'une réception (ou en amante désintéressée à la maison) en fixant pendant de longs moments une blonde sculpturale. Ne donnez jamais une impression de médiocrité à l'être aimé en vous tenant trop près, ou en parlant trop longtemps, à une vedette de rock and roll qui vient de se présenter à un souper-bénéfice. Ne donnez jamais l'impression non plus que vous avez choisi le mauvais candidat en abaissant votre fiancé au moment d'une réception chez les voisins.

Bien sûr, elle a des défauts. Bien sûr, il n'est pas parfait. Mais nul autre ne doit le savoir. Ne l'annoncez pas au monde entier — ça ne les regarde aucunement. Ne comparez jamais l'apparence, les manières, les attributs, le compte en banque de l'être aimé avec quiconque lors d'une réception. La comparaison fait mal.

Surtout, ne manifestez jamais votre colère en public. Le dîner annuel du barreau local n'est pas un parc public. Ce n'est pas parce que vous n'avez pu résoudre vos problèmes avant de quitter la maison ou parce que votre épouse vous a lancé quelque chose de blessant au dîner, que vous devez régler la note devant un auditoire. N'ajoutez pas à l'ignominie de vos insultes en permettant à l'entourage de jacasser sur votre compte — lavez votre linge sale à la maison.

Lorsque nous nous comportons mal en public, notre partenaire et nous, nous passons pour des idiots — nous sommes ridicules d'avoir choisi une telle personne inadéquate, ils sont stupides de nous avoir endurés et d'avoir enduré le mauvais traitement que nous leur avons imposé.

Draguer, comparer votre partenaire avec les autres, faire des farces sur la personne que vous aimez et vous quereller en public sont des pratiques qui peuvent fendiller la géologie émotionnelle de votre relation. Il s'agit là de tests minables, qui n'ont pas leur raison d'être et que personne ne mérite. L'amour doit être entretenu, sans menace, sans abus. En vous comportant adéquatement en public, vous prouvez que vous aimez la compagnie de l'être cher au point de le rendre confortable, de sorte que le monde extérieur puisse honorer, avec admiration, la personne que vous avez choisie... et la relation que vous avez créée.

Inondez l'être cher de baisers

Toute relation doit être S.A.U.B., souvenez-vous de ça! Cela veut dire que la lettre que vous avez postée, les mots que vous avez écrits et les sentiments que vous avez formulés ont été rendus plus touchants parce que vous les avez **S**cellés **A**vec **U**n **B**aiser. Même après la période de fréquentations, l'amour que vous vivez doit être scellé et réaffirmé avec une multitude de baisers. La communion des lèvres constitue, plus que tout autre, le signe que nous aimons, que nous chérissons et que nous adorons la personne que nous embrassons.

Le baiser, tout comme le petit bonbon en forme de coeur de la Saint-Valentin, peut véhiculer tous les petits (ainsi que les gros et les magnifiques) messages d'amour. Il est le dénominateur le plus expressif, le plus doux, le plus simple, le plus commun de l'amour. Lorsque nous l'offrons à l'être aimé, nous entretenons le lien. Le baiser est la porte d'entrée à la vie érotique dans une nouvelle romance — il est le système de survie de la passion érotique d'un amour durable. Il est l'emblème du contact passionné, de la façon dont nous nous disons mutuellement que nous nous aimons et que nous avons le goût de faire l'amour.

Mais le baiser, même répété, n'est pas simplement la carte gagnante d'une passion érotique et, après nous être insérés dans une intimité sexuelle, nous devons nous souvenir que le baiser a une puissance et une beauté bien à lui. Il peut et il doit avoir une multitude de significations. Il peut afficher un nouvel amour sur le point de naître, il peut être le raccordement de l'affection, il peut être le point central d'une passion. Sans paroles, le baiser formule : «Chérie, je suis arrivé»; «Félicitations»; «Je suis fou de toi»; «Chéri(e), je t'adore»; «Tu es la personne que je désire»; «Je suis à toi»; «Je m'excuse.» Mais, quelle que soit sa fonction spécifique du moment, le baiser dit que l'on désire une association, que l'on veut revenir à la maison, afin d'embrasser spirituellement la personne aimée.

Le baiser, c'est la nourriture de l'amour. Il nous donne la sensation d'être aimé(e), choisi(e), désirable, puissant(e), magnifique, sensuel(le), sans souci, invincible, et EN AMOUR. Le baiser rehausse le niveau de l'expérience quotidienne et banale à un sommet délicieux et extraordinaire. Le baiser capte notre attention et exprime nos meilleures intentions. Donc, inondez-vous de baisers et surtout, ne sous-estimez jamais sa puissance.

Formulez les mots d'amour

Tous les gens veulent savoir combien, et exactement pourquoi, ils sont aimés. Même lorsque nous avons été choisis, même lorsque nous avons décidé de faire un bout de route ensemble, nous avons toujours besoin de l'assurance verbale que nous sommes aimés. Nous devons ressentir que nous sommes une personne spéciale, délicieuse, précieuse, irremplaçable pour l'être aimé. Nous voulons être «le(la) seul(e)» et entendre dire que nous sommes aimés par-dessus tout par la personne qui nous a choisi.

Nous croyons souvent que ressentir une bonne vibration pour quelqu'un est aussi bon que de le dire, mais c'est faux. Détrompez-vous — les mots sont très importants pour la majorité d'entre nous.

Nous marchons dans la vie avec une impressionnante insécurité et personne n'est assez sûr de lui pour ne jamais éprouver le besoin de se faire dire à tous les jours, constamment, exactement pourquoi, comment et jusqu'à quel point il est aimé.

Nous devons l'ENTENDRE et les mots doivent être chaleureux. Il n'y a aucune comparaison entre l'abstrait : «Bien sûr que je t'aime» et le direct «Je t'aime, tu es l'être principal de ma vie et je veux être avec toi pour toujours.» Il n'y a aucune comparaison entre le silence et «Tu es la lumière de ma vie.»

Même si certaines personnes seraient portées à croire que ces paroles sont farfelues, sous les couches délicates du coeur le plus froid existe un être aimant qui ne demande qu'à être aimé. Il y a une part de romantisme dissimulée à l'intérieur de chacun de nous : la personne qui est tombée en amour, qui a été séduite par la musique et le clair de lune, qui a attendu avec beaucoup de hâte les mots qui annoncent un nouvel mour : «Je t'aime. Je ne peux vivre sans toi.» Et une fois n'est pas et ne sera jamais assez. Car même si on pouvait avoir foi en l'amour, notre coeur voudrait quand même entendre ces mots d'amour encore et encore.

Donc, donnez un nom spécial à l'être cher et répétez-vous souvent l'un à l'autre ce qui vous comble, ce qui vous anime quand vous êtes en présence l'un de l'autre et pourquoi vous vous aimez de façon si intense. Répétez même des phrases «fleur bleue» ou à l'eau de rose que vous avez entendues — plus c'est romantique, plus c'est érotique, plus c'est délicieux, mieux c'est : «Tu es la femme de mes rêves»; «Je t'aime à en mourir»; «Tu es mon ange»; «Tu es un homme merveilleux»; «Tu es un amant formidable.»

Les mots d'amour sont le meilleur tonique pour l'amour, un élixir sans pareil pour la passion, un baume médicinal pour la romance en panne. La vie est remplie de choses banales, ordinaires et il n'y a aucune raison pour laquelle il doit en être ainsi en amour. L'amour est la dimension dans laquelle nous nous laissons aller afin de vivre dans la magie. L'amour est notre façon de voler et les mots sont les ailes de la romance, la façon plus puissante qui soit de nous élever au-dessus du terre à terre assomant. Rien d'autre que les beaux mots d'amour formulés généreusement et sans fin ne peut soutenir le diapason élevé de la romance.

Dites s'il vous plaît

Cela semble incroyablement simpliste, mais nos relations s'amélioreraient de beaucoup si seulement nous prenions le temps de dire «s'il vous plaît.» «S'il te plaît, réveille-moi avant de quitter demain matin.» «S'il te plaît, ferme la porte.» «S'il te plaît, appelle ta mère et dis-lui que nous ne pourrons nous rendre au dîner familial cette semaine.» «S'il te plaît, aide-moi à tailler les vignes.» «S'il te plaît, enlève tes cheveux qui bloquent le drain du bain.» «S'il te plaît, prépare quelques amuse-gueule pour la réception de Noël au bureau.» «S'il te plaît, embrasse-moi.» «S'il te plaît, viens te coucher.»

Bien que dire «s'il vous plaît» puisse sembler inutile, comme quelque chose dont vous pouvez vous passer puisque vous vous connaissez bien maintenant, ou comme si c'était une pratique dépassée, ce n'est pas le cas! «S'il vous plaît» signifie que vous ne tenez pas l'autre personne pour acquise. Ces quelques mots disent plutôt que, de la façon la plus simple, vous reconnaissez qu'une relation est, entre autres, un échange constant de gentillesse, de choses que vous faites tous les deux, facilement ou avec un grand effort, l'un envers l'autre.

«S'il vous plaît» est un mot de passe sécuritaire qui fait que votre relation ne se retrouvera jamais dans une situation où l'un des deux commande toujours : «Passe-moi le beurre»; «Ferme la lumière»; «Achète de la nourriture pour le chien en revenant à la maison».

On ne devrait jamais adresser la parole à quelqu'un de cette façon.

En disant «s'il vous plaît», nous reconnaissons inconsciemment l'un des grands avantages d'être en amour : la présence d'une autre personne dans notre vie. Nous apprécions qu'elle soit là pour nous assister, qu'elle désire nous aider et nous l'aimons assez pour l'honorer en lui disant s'il vous plaît!

Dire «s'il vous plaît», c'est aussi une façon de respecter la personne que vous aimez, de reconnaître que les choses qu'elle donne et fait ne sont pas toujours les plus agréables. Il faut aussi reconnaître, de manière implicite, que même si vous vivez ensemble et que vous vous aimez, vous pouvez vous attendre librement à certaines choses, de part et d'autre, et devez toujours procéder en sachant que la moindre démarche amoureuse demande un effort d'amour.

En disant «s'il vous plaît», vous faites preuve de la plus grande estime pour la personne aimée, vous la traitez comme un être humain qui mérite d'être toujours traité avec la grâce que confèrent les bonnes manières. C'est un peu comme polir une magnifique pièce d'argent. On obtient un reflet en profondeur, un lustre de grâce devant les gestes les plus coutumiers.

Donnez des cadeaux plus souvent

Les cadeaux élèvent l'esprit et ensoleillent le coeur en nous donnant la sensation de s'abandonner devant la personne aimée et en nous assurant que nous sommes dignes des plaisirs délicieux et irrationnels de la vie. Bien que nous soyions conscients que l'amour, à son niveau le plus élevé, est formé d'une union spirituelle mystique qui se retrouve dans le monde matériel dans lequel nous évoluons et vivons nos émotions, les cadeaux nous donnent un sentiment d'espoir et de joie et nous prouvent qu'il fait bon vivre.

Les présents concrétisent l'amour. Ils sont non seulement les talismans des occasions spéciales d'amour — la bague de fiançailles, la montre offerte à l'anniversaire de naissance, le collier offert aux Fêtes — ils sont aussi un témoignage d'amour de la part de la personne qui les offre et la preuve que la personne qui les reçoit est précieuse. Lorsque vous portez le magnifique tee-shirt avec un coeur peint sur le devant à vos cours d'aérobie, vous ne pouvez vous empêcher de penser que quelqu'un vous aime. Lorsque vous vous déplacez avec la mallette de cuir véritable qu'elle vous a offerte pour votre anniversaire, vous vous rappelez qu'elle vous trouve magnifique.

Donc, offrez plus de cadeaux. N'attendez pas nécessairement l'occasion spéciale. Achetez-lui la chose la plus inutile, la plus drôle, la plus touchante, le cadeau qui veut dire «je t'aime», «je sais qui tu es.» Soyez un peu idiot, soyez sérieux, soyez généreux, soyez inventif : pensez au service à thé avec la boucle en céramique rose, à l'ourson touffu, au sac de gymnase contenant cinq paires de bas de tennis, à la bouteille thermos à la fine pointe de la technologie, au dé à coudre en porcelaine.

Il n'est pas nécessaire que ce soit coûteux. Denise ramasse à l'occasion quelques chocolats à 5¢ pour son mari qui aime les gâteries; il s'en réjouit toujours. Il n'est pas nécessaire que ce soit un objet. Vous pouvez vous offrir des moments de douceur comme : un bain plein de mousse quand les enfants sont absents et ne peuvent l'interrompre; une partie de golf; faire la grasse matinée — c'est merveilleux mais malheureusement trop peu fréquent en cette époque où les heures précieuses se font rares. Peu importe — ce qui compte c'est d'y avoir pensé et de l'avoir donné d'un coeur aimant.

Si, pour une raison quelconque, vous éprouvez certaines difficultés à donner ou à recevoir des présents, il est fort possible qu'au cours de votre enfance vous n'ayez pas reçu les cadeaux et les gâteries dont vous rêviez et c'est maintenant tellement douloureux d'y penser que vous préférez vous en abstenir. Peut-être y avait-il quelqu'un dans votre vie à qui vous ne pouviez jamais plaire? Alors, vous avez maintenant peur de choisir de mauvais cadeaux pour la personne que vous aimez. Ou peut-être que personne ne vous a enseigné comment recevoir ou donner un présent. Quelles que soient les raisons, vous vous privez d'une merveilleuse occasion d'ensoleiller votre vie. Si vous hésitez un peu avant d'offrir un cadeau, parlez-en à l'être aimé, dites-lui ce qui ne va pas et ce que vous trouvez difficile — cette seule conversation sera pour vous un magnifique cadeau.

Nous n'avons pas tous, cependant, ce genre de difficultés. Si vous êtes déjà champion ou championne dans l'art de donner et de recevoir, profitez de votre talent naturel. Qui que vous soyiez, commencez dès maintenant à élever votre relation en offrant plus de cadeaux.

Offrez votre aide

Nous sommes tous suffisamment occupés avec les choses que nous faisons pour nous-mêmes et avec celles que nous sommes obligés de faire au travail, pour notre conjoint et nos enfants, que nous n'avons pas nécessairement le temps, ou le goût, d'en faire davantage. Sans aider qui que ce soit, nous en avons bien assez pour nous tenir occupés. Voilà pourquoi offrir notre aide constitue une forme de grâce émotionnelle qui peut recouvrir notre relation d'une fine patine.

Offrir son aide, c'est bien plus qu'être simplement disposé à partager les tâches. C'est une façon d'affirmer que, pour aucune autre raison que l'amour, vous acceptez de prendre part aux démarches de l'être aimé. «Chéri, je vois que tu as passé la nuit à faire les rapports d'impôts, puis-je t'aider d'une façon ou d'une autre ce matin?»; «As-tu besoin d'aide avec les courses?»; «Ton rhume semble aller de mal en pis, veux-tu que j'aille te chercher un remède?»; «Quelque chose semble te déranger, aimerais-tu m'en parler?»

L'aide se manifeste sous bien des formes. Il peut s'agir de se rassurer verbalement (en confiant à l'être aimé que tout rentrera dans l'ordre), d'une aide physique (aider à faire la vaisselle), d'un confort émotionnel (être attentif aux problèmes de son(sa) partenaire) ou d'être prêt à tout pour faire le nécessaire (y-a-t-il quelque chose que je puisse faire pour toi?).

En offrant notre aide, nous voulons que la vie de l'être aimé soit confortable et heureuse et nous sommes prêts à dépenser un peu d'énergie pour y arriver. Bien plus, en offrant notre aide, nous reconnaissons que nous ne vivons pas dans un vide, que nous ne sommes pas tout simplement nés dans un monde où nous ne sommes que des numéros... sans importance! Le monde n'est pas une coquille; l'être aimé n'est pas un esclave.

En offrant notre aide, nous faisons preuve d'une reconnaissance d'amour. Nous affirmons qu'en tout temps, nous sommes absolument conscients de ce qui se passe chez la personne aimée et que nous sommes intéressés à participer à ce qu'il(elle) vit à tous les points de vue. C'est une façon de nous faire aimer puisque, d'une multitude de façons minimes, subliminales, il est conscient que vous êtes attentive, elle sait qu'elle compte. Voilà une autre façon d'affirmer votre liaison, de dire que vous ne vous voyez pas comme une île, mais comme une partie importante de la terre ferme créée par votre amour.

Posez une question ridicule

Elle : «À quoi penses-tu en ce moment?»

Lui : «Au travail!»

Elle : «Comment ça, ton travail?»

Lui : «C'est mon patron. Il est malade depuis une semaine et les docteurs ne peuvent pas dire ce qui se passe chez lui. Je crois qu'il a un cancer et ça me fait peur. Le travail tue — voila à quoi je pense!»

Comme cet exemple l'indique, vous pouvez poser une question ridicule et découvrir quelque chose de profond. Voilà pourquoi je suggère qu'à l'occasion, vous posiez à l'être aimé la question «ridicule», celle qui cache la réponse évidente, celle dont vous croyez déjà connaître la réponse, celle qu'il ne vaut pas la peine de poser, celle que vous tardez à poser parce que vous avez peur qu'il ou elle soit trop gêné(e) pour répondre.

Quelle est ta couleur favorite? Étais-tu heureux(se) lorsque tu étais enfant? À quoi penses-tu en ce moment? Pourquoi m'aimes-tu? Aimes-tu ton travail? Que veux-tu devenir plus tard? Quel est ton petit rêve secret? Que dois-tu faire à tout prix avant de mourir? Qu'est-ce qui t'anime? Qu'est-ce que tu aimes à propos de ton corps?

Lorsque nous tombons en amour, à cause de la puissance de nos sentiments envers l'autre personne — le désir, l'excitation, la joie, le délice — nous sommes portés à présumer que nous connaissons tout à son sujet, ce qui le fait vibrer, ce qui est important pour elle, ce qu'il pense ou ressent, à n'importe quel moment. Voilà un piège dans lequel nous pouvons tous facilement tomber, surtout après quelques années. Nous passons tellement de temps avec la même personne que nous croyons tout connaître d'elle. Mais c'est justement là que nous commençons à nous comporter comme des gens qui savons tout — nous ratons l'occasion de nous surprendre en découvrant certaines choses dont nous ne soupçonnions même pas l'existence.

Voilà pourquoi vous devez poser certaines questions ridicules puisque bien souvent, elles entraînent des réponses très surprenantes, une découverte de la profondeur, de la complexité, de l'unicité de la personne que vous aimez. En posant des questions, vous vous insérez plus profondément dans la connaissance de l'autre. Et l'amour, c'est connaître véritablement quelqu'un avec ses innombrables particularités, qu'elles soient énormes ou petites: ses pensées, ses sentiments, ses sensations, ses intentions, ses déceptions, ses lacunes, ses prières, ses espoirs, ses tristesses.

Cherchez la signification derrière les mots

Il n'y a pas longtemps, lors d'une réception, une amie est arrivée en retard et je suis allée lui donner une bise. Je sentais qu'elle ne la recevait pas vraiment. Elle s'est mise à parler, de façon désinvolte, au sujet de son retard — elle avait dû aller visiter son frère à l'hôpital. «Où sont les hors-d'oeuvre?» demanda-t-elle. «Je meurs de faim.» J'ai placé ma main sur son bras, l'ai regardée droit dans les yeux et lui ai dit : «Il n'est pas nécessaire que tu sois si brave!» Elle a mis sa tête sur mon épaule et elle a pleuré: «J'ai tellement peur qu'il ne passe pas au travers!» et elle s'est mise à pleurer comme une enfant.

Ce que nous disons est souvent le contraire de ce que nous pensons. Nos sentiments véritables sont bien souvent dissimulés entre les mots que nous formulons. La plupart d'entre nous ne possédons pas le vocabulaire pour exprimer clairement nos sentiments et, bien souvent, nous ne sommes même pas sûrs de ce que nous ressentons. Pour la plupart d'entre nous, exprimer nos sentiments de façon claire et précise — surtout lorsque nous vivons une période de tristesse, de vulnérabilité ou de honte — est excessivement difficile. En présence de telles émotions, nos paroles sont souvent imprécises et ce que nous révélons avec nos yeux et notre corps représente plus fidèlement notre véritable message.

Donc, lorsque l'amour écoute, il écoute avec une oreille et un coeur tournés vers les mots qui ne sont pas dits. Lorsque vous écoutez l'être cher, portez attention aussi à ce qu'il ou elle ne dit pas avec des mots, et cherchez ce que veulent dire le mouvement de ses doigts, sa respiration, le mouvement nerveux de ses sourcils, la larme qui perle au bord de son oeil. Lorsque vous écoutez le message qui se cache sous les mots, vous écoutez avec confiance. De cette façon, vous pouvez tenter de l'atteindre avec vos propres paroles afin de toucher son être profond. Vous pouvez même poser une question tendre : «Tu dis que tu es heureuse mais tes yeux sont tristes. As-tu le goût de m'en parler?» Une question ouverte, invitante, peut amener l'être aimé à se sentir assez sécure pour parler et, au fur et à mesure que la conversation progresse, vous pouvez aller plus en profondeur en sachant que l'élément de la conversation provient des paroles non formulées.

Marchez un mille dans les sandales de l'être aimé

Un des pièges d'une relation est d'utiliser l'autre comme cible afin de régler les choses qui vous agacent. Il est en effet très facile de développer l'habitude de blâmer l'autre pour tout ce qui ne va pas et vous attendre à ce qu'il ou elle règle tout. Afin de ne pas succomber à cette possibilité malsaine, essayez de marcher un mille dans les sandales de votre bien-aimé(e). De cette façon, vous vous mettrez à sa place, vous serez conscient de ses expériences, ce qui vous permettra de le(la) ressentir suffisamment pour pouvoir vous consoler mutuellement, si nécessaire, et ne pas vous blâmer, si vous êtes tentés de le faire.

Chaque fois que vous avez l'assurance que votre partenaire est responsable de votre mauvaise humeur, de l'ordinateur défectueux, du toit qui coule, de la vie qui est parfois morne, essayez de vous mettre à sa place. Imaginez que vous êtes lui(elle) et laissez pénétrer dans votre esprit la multitude de situations stressantes, les insultes, les assauts, les déceptions, les désastres, petits et grands, qui envahissent présentement sa vie. Prenez immédiatement une minute pour songer aux problèmes psychologiques de votre partenaire.

Si vous trouvez difficile d'identifier ses sentiments, si ses bottes sont trop grandes ou si ses pantoufles ne peuvent accueillir que votre gros orteil, voici un exercice à essayer : transformez-vous en l'être aimé. Commencez par dire : «Je suis ________________________________», et portez son nom. Ensuite, prétendez que vous êtes lui ou elle et commencez à parler des choses qui se passent en «vous». Essayez maintenant de déceler ce qui ne va pas. Quelles sont les choses qui ont pu déranger son comportement? Tentez de voir à l'intérieur de sa conscience afin de découvrir comment une personne peut ressentir votre comportement critique, réprobateur, lorsqu'elle en fait l'objet. Que croyez-vous que la personne qui vous aime puisse faire pour vous comprendre ou pour vous consoler?

Voilà un exercice très utile et parfois très bouleversant, surtout lorsque vous traversez tous les deux une période difficile. C'est une occasion rêvée d'apprendre la grandeur d'âme, à partir de l'intérieur, en expérimentant votre propre comportement par le biais de la conscience de l'autre personne, en même temps que vous vivez ses propres émotions. «Être» lui ou elle peut vous conduire à un sentiment de compassion qui ouvre inévitablement la voie vers une meilleure compréhension entre vous et l'être aimé. Marcher un mille dans les sandales de votre amour vous permettra d'examiner les moindres de vos suppositions et de découvrir que dans notre besoin d'être aimé et d'être compris, nous sommes seuls!

Dites merci

Peu importe ce que l'on vous offre, quelle qu'en soit la forme — louange, argent, baisers, compliments, friandises, temps, écoute, amour, lettre, un nouveau chapeau, une nouvelle maison, une nouvelle voiture, un nouveau bébé, des vacances planifiées, des vacances surprises, un conseil, la sécurité, un bouquet de fleurs, le partage de bonnes sensations — dites «merci».

Un simple merci est miraculeux pour les deux partenaires. Pour la personne qui le reçoit, il est le reflet de l'amour qu'elle a donné et il rappelle à l'autre sa bonté naturelle et sa capacité de coopérer. Un merci permet aussi à celui qui le dit de démontrer à l'autre qu'il est capable d'aimer. C'est très important puisque, en amour, être aimé ne suffit pas, nous devons vivre l'expérience d'aimer. Les remerciements répétés nous permettent de nous percevoir de façon différente, de savoir que par le biais des mots, des actions et des efforts, nous pouvons changer l'attitude, l'apparence et les circonstances dans la vie d'un autre être humain. Nous nous sentons ainsi magnifiquement efficaces et aimants. Bien sûr, ce n'est pas seulement pour cela que nous donnons quelque chose, mais être remerciés nous permet de voir la valeur de ce que nous avons donné et nous donne le goût de donner encore.

Le mot «merci» est tout aussi important pour la personne qui le dit. À la base, c'est un acte de courtoisie, de reconnaissance du bon geste que l'autre personne a porté. Mais, de façon plus profonde, c'est une façon de changer notre conscience et notre appréciation de la nature de nos relations. En manifestant notre gratitude, nous gardons à l'esprit que nous avons reçu et que nous sommes aimés.

Dans toute relation, il est facile de devenir (intérieurement du moins) un grognon qui se plaint tout le temps, qui croit que l'autre personne n'a jamais fait et ne fera jamais rien de gentil ou de spécial. En disant «merci», on éloigne ce sentiment de désespoir et on se crée une attitude intérieure optimiste. Un sentier se forme dans notre esprit et, avec le temps, il devient un boulevard qui véhicule la générosité et la bonté de coeur et on devient de plus en plus conscient qu'on a été aimé. En ce sens, dire «merci» est un acte qui forme le caractère, qui développe une vision positive de la personne qu'on aime et du monde dans lequel on évolue.

Tout comme des millions de flocons de neige se regroupent pour former une couverture de neige, les «mercis» que l'on distribue s'empilent et retombent en douceur sur l'un et l'autre, jusqu'au point où, dans notre coeur et dans notre tête, nous nageons dans la gratitude.

Le trésor incomparable de la relation

Annoncez votre amour sur un panneau-réclame

Paméla et Donald, mariés depuis plusieurs années, dînaient avec quelques associés de Donald, dont un couple de nouveaux mariés. En les félicitant de leur mariage, Donald dit : «Je suis très heureux pour vous, parce que le mariage a été une magnifique expérience pour moi. Paméla est intelligente, belle et débrouillarde. Elle croit en moi lorsque je tente de faire des choses, elle m'entoure de confort lorsque je faillis à la tâche; je sais toujours qu'elle m'aime — et elle accepte mes moqueries. Voilà pourquoi c'est la meilleure femme pour moi.»

«Tes paroles signifient plus pour moi que toutes les belles choses que tu m'a dites dans l'intimité», lui répondit Paméla. Et leur échange devint une célébration et une inspiration pour toute la tablée.

Proclamer votre amour sur un panneau-réclame est tout le contraire d'agir comme si votre relation devait être l'un des secrets les mieux gardés du monde. Plutôt que de cacher votre relation, affichez-la , comme une bannière, à la vue de tous. Nous sommes portés à croire que mettre un couvercle sur notre amour est, socialement, la chose correcte à faire. C'est un peu comme si nous avions un contrat social stipulant : «Dans notre vie privée, nous nous aimons; en public, nous agissons comme des étrangers civilisés.» La vérité c'est que rien au monde n'est plus extraordinaire que d'être louangé en public ou de réaliser que l'être cher croit vraiment que notre relation est digne d'être annoncée sur tous les toits. C'est un peu comme voir notre relation, ou notre partenaire, à travers les yeux d'une autre personne — comme si quelqu'un nous permettait de découvrir le trésor magnifique qu'est notre relation, dans une perspective légèrement différente.

Je ne dis pas qu'il faut vous lancer dans un spectacle public passionné pour célébrer votre romance, mais tout simplement de l'honorer et de permettre aux gens qui vous entourent socialement de savoir que votre amour est précieux, qu'il comble votre âme et qu'il donne une raison d'être à votre vie.

Proclamer son amour sur un panneau-réclame va au-delà de l'annonce superficielle telle que: «J'aimerais remercier ma charmante épouse...» ou «Sans l'appui indéfectible de mon mari...». Cela implique une reconnaissance spécifique et profondément ressentie qui procure aux partenaires qui sont célébrés un délicieux frisson de joie et transmet aux gens qui entendent leur témoignage un sentiment d'espoir et de puissance de l'amour.

Qu'importe depuis combien de temps vous vivez ensemble, continuez à vous honorer l'un et l'autre même devant les étrangers et les amis. Les sentiments chaleureux ont pour effet de se multiplier lorsque vous témoignez ainsi de votre amour.

Sympathisez mutuellement

Sympathiser signifie qu'on a une affinité morale avec quelqu'un et qu'on participe par sympathie. La sympagnie n'a rien à voir avec la résolution des problèmes; elle fait qu'on s'associe aux petits et aux grands problèmes insolubles de la vie. Dans une relation, c'est l'occasion rêvée de partager notre expérience des aléas de la vie et de découvrir que nous pouvons tous les deux énoncer nos problèmes et aider notre partenaire à reprendre son souffle.

Alice avait une façon pas tellement subtile de se décharger de ses problèmes. Elle avait l'habitude d'affronter Francis dès qu'il passait le seuil de la porte — elle lui racontait son arrêt forcé de 45 minutes sur l'autoroute, elle lui parlait de l'ordinateur défectueux qui a fait qu'elle a dû retarder son projet, de la longueur de la ligne d'attente au marché d'alimentation. Un jour, après que Francis l'eut consolée, elle se rendit compte du long silence qui avait suivi sa récitation et s'est sentie un peu mal à l'aise. «N'as-tu pas toi aussi des problèmes?» demanda-t-elle finalement.

«Bien sûr», dit-il, un peu surpris.

«Alors, pourquoi ne m'en parles-tu jamais?» lui demanda-t-elle.

«J'imagine que ne n'y ai jamais pensé. Ou je croyais ne jamais pouvoir le faire. J'ai toujours cru que notre entente faisait que tu devais te plaindre et que j'étais supposé sympathiser.»

Trop souvent, quand on doit sympathiser, comme dans le cas de Alice et Francis jusqu'à ce qu'ils se soient faits prendre au jeu, les couples ont tendance à polariser artificiellement, de sorte qu'un des partenaires devient le «plaignant» et l'autre, la table de résonnance ou le «consolateur.» Mais la sympathie signifie tout simplement cela: une entreprise conjointe dans le partage des insultes et des durs coups de la vie.

La sympathie est importante, puisque la vie est pleine d'assauts et d'insultes et que, si on ne s'en décharge pas au moment où ils se manifestent, ils s'empilent, ils emmêlent notre esprit et se voient finalement exprimés de façon inopportune et secondaire — et voilà que les vrais problèmes commencent. C'est un peu comme le vieux cliché au sujet de l'homme qui se fait crier par la tête par son patron et qui donne un coup de pied à son chien en rentrant à la maison. Trop souvent, c'est le petit détail insignifiant qui nous accable le plus et qui peut nous amener à attaquer sans raison l'être aimé.

Il est important de nous souvenir que les choses et les gens extérieurs au cercle protégé de notre heureuse union peuvent avoir sur elle beaucoup d'effet. Plutôt que d'imaginer que vous pouvez régler vos petits problèmes seul(e), déposez-les sur la table de votre relation, exprimez-les, recevez le baume consolateur et débarrassez-vous-en. De cette façon, vous pouvez réinsérer l'amour dans votre relation au lieu d'accumuler, au fil des difficultés quotidiennes, de la colère mal placée. Après tout, si nous ne pouvons pas sympathiser sur les petites choses, comment le pourrons-nous devant les tragédies?

Négociez les choses banales

Le côté le plus troublant de la vie, c'est la routine. Tôt ou tard, dans toute relation, on doit décider qui sortira les ordures. Tenir compte du fait que dans toute relation, il existe une montagne de tâches qui semblent sans fin est l'une des grandes responsabilités d'une liaison amoureuse. Parce qu'il nous faut reconnaître que l'amour, une expérience de transcendance, se déroule dans un monde matérialiste. L'accepter est un acte d'amour en soi et cela signifie que pour la cause, nous nous soumettons humblement et aimablement à toutes les tâches ennuyeuses.

Un des dangers de la vie quotidienne est qu'on peut être enclin à voir nos tâches comme une conséquence de notre relation, et non de la vie même. De là la grande tentation de blâmer l'autre pour la banalité de la vie de tous les jours, comme si en étant seul, nous n'aurions pas à faire le lit, le lavage, à nous occuper du chauffe-eau qui coule ou de la voiture en panne. Il est aussi très facile de devenir pointilleux par rapport aux tâches négligées ou à celles de notre partenaire que nous finissons parfois par accomplir. Cependant, notre responsabilité en amour n'est pas de nous attendre à ce que de telles trivialités disparaissent ou que, par amour, l'autre personne (ou nous-mêmes), fasse tout sans maugréer.

L'amour véritable reconnaît plutôt que la vaisselle doit être lavée et qu'il est ouvert à la discussion. L'amour véritable reconnaît et apprécie que le fardeau puisse être partagé. Cela implique nécessairement le dialogue, la planification de savoir qui fera quoi, de préparer une liste et de ne pas nous attendre à ce que de petits lutins viennent tout accomplir. Toute négociation nécessite un compromis — par exemple, accepter sans se plaindre que l'autre personne ne nettoiera peut-être pas le bol de toilette de façon aussi parfaite que vous le feriez vous-même, ou d'accepter d'accomplir certaines tâches comme le lavage des jeans, une chose que vous refuseriez de faire si vous viviez seul(e).

La négociation des choses banales signifie que vous acceptez le plat de vaisselle et les poubelles de la vie et décidez d'accomplir ensemble les tâches nécessaires. Ensuite, plutôt que d'être des éléments de dispute, et c'est probablement là le point le plus important dans la vie, les tâches de nettoyage peuvent passer en second lieu, de sorte que vous puissiez vous concentrer sur une chose réellement importante comme: découvrir votre destinée et faire l'amour.

Reconnaissez les épreuves que vos circonstances provoquent

Nous pouvons faire mal aux gens que nous aimons simplement en étant nous-mêmes. Que nous soyons une vedette de cinéma, une mère de cinq enfants mariée pour la deuxième fois, un étudiant diplômé, une diabétique ou une personne qui a un horaire confus — nous entrons tous dans une relation en traînant avec nous les crampons de nos circonstances qui, parfois, nous rendent difficiles à aimer. Les beaux-fils, les belles-filles, les parents malades, les voitures en panne, les soeurs fofolles — nous sommes tous entourés de conditions qui nous rendent difficiles à aimer pour la personne qui a choisi de le faire.

La triste vérité est que la plupart d'entre nous avons trop d'obligations et pas assez de temps. Consciemment, nous ne voulons pas rendre notre épouse folle parce que nous devons participer à dix réunions consécutives en soirée, en laissant traîner une tonne de vêtements sur le plancher parce que nous n'avons pas eu le temps de les ramasser, en ayant mal aux dents pendant six jours d'affilée — mais nous le faisons quand même. Dans ces situations et dans une foule d'autres, nous abusons involontairement de l'autre personne. Tous autant que nous sommes, nous demandons trop de l'être aimé et, dans un sens, nous nous attendons toujours à l'impossible de sa part.

L'amour prédispose nos partenaires à endurer tous les non-sens de la vie, mais la vérité est que nous devons être conscients, reconnaissants et disposés à nous excuser pour les inconvénients que nos circonstances provoquent. Il est facile de réagir en se défendant ou en se sentant coupable, en pensant ou en disant : «Endurer ma mère malade n'est pas si tragique!» ou «Il ne devrait pas se plaindre parce que je travaille trop.»

Mais il vous faut vraiment régler ces problèmes. Soyez disposés(es) à reconnaître que votre style de vie et votre entreprise ont un effet important sur votre relation. Être conscient de la tension que nous nous imposons, de part et d'autre, et dire les mots appropriés comme : «S'il te plaît, sois encore un peu patient(e) avec moi!»; «Je te remercie d'endurer mon horaire insensé» ou, tout simplement : «Je m'excuse», peut créer, au beau milieu d'une de ces situations difficiles, des moments où nous pouvons apprécier une générosité et une tolérance peu habituelle entre nous. Plutôt que de nous blesser, nous éloigner et nous détruire, ces périodes difficiles deviennent des occasions privilégiées d'approfondir notre intimité. En étant conscients de ce que nous infligeons, de ce que nous demandons, nous donnons la possibilité à l'être cher d'endurer certaines choses difficiles et nous forgeons ainsi un nouveau chaînon d'amour entre nous.

Gardez le contact

De nos jours, avec nos horaires chargés et complexes, il est possible que nous perdions le contact avec les personnes que nous aimons, parfois pendant des jours et des jours. Voilà pourquoi il est nécessaire de faire l'effort de maîtriser nos obligations et nos plans, mais aussi le rythme essentiel à une relation intime.

Maintenir le contact signifie que vous garderez votre partenaire au courant de votre vie, de vos activités, de votre horaire, de vos obligations ainsi que de tout changement dans votre routine ou dans vos projets. Il n'y a rien de pire, par exemple, que de se retrouver avec un enfant malade sans pouvoir rejoindre son partenaire; de se faire dire qu'il arrivera à 18 h pour ne le voir rentrer que des heures plus tard ou de réserver une fin de semaine afin de passer de bons moments ensemble et découvrir à la dernière minute qu'elle n'est libre que le dimanche, entre 14 h et 16 h. Bien sûr, certaines choses urgentes ou exceptionnelles peuvent survenir, mais si on s'engage à se combler l'un et l'autre, le plus souvent possible, le plus rapidement possible, on donne à l'être aimé la force d'accepter les exceptions déplaisantes.

Cependant, maintenir un contact doit être plus qu'un simple échange d'informations. Cela doit vouloir dire que vous trouverez le moyen de communiquer votre amour régulièrement, quelle que soit la complexité de votre horaire. De cette façon, vous répétez à l'être aimé que c'est lui que vous voulez voir en rentrant; que c'est elle que vous aimez.

Je connais un couple qui garde en tout temps un carnet de notes sur la table de la salle à manger. Lorsqu'un ou l'autre doit s'absenter, il ou elle ne le fait jamais sans laisser un message d'amour à l'autre. Ils sont mariés depuis huit ans et leur «livre» est maintenant devenu un magnifique assemblage de chaleur humaine, dans leur vie de tous les jours.

Une autre femme que je connais et qui voyage par affaires, ne quitte jamais la ville sans laisser une note spéciale d'amour sur l'oreiller de son mari. Et il ne l'accueille jamais à la maison, après un de ses nombreux voyages, sans lui préparer un bouquet de fleurs qu'il place à côté de son lit.

Une autre femme laisse une note de bienvenue à son chéri sur le cadre de la porte arrière. Un homme, dont le travail demande qu'il s'absente de la ville pendant plusieurs semaines consécutives, envoie une carte postale à sa compagne à tous les jours. Le message est toujours le même : «Je m'amuserais beaucoup — si seulement tu étais ici.» Un autre homme, avocat chevronné, appelle chez lui à tous les jours pour dire : «T'ai-je dit aujourd'hui que je t'aimais?» Ces petits gestes, qui semblent futiles, peuvent faire toute la différence dans une vie chargée d'obligations. Le contact est l'antidote qui nous empêche d'être tenus pour acquis. Il fait que nous traitons l'être aimé comme une personne spéciale tout en nous rappelant que son amour est tout aussi spécial.

Accordez un peu de temps à l'intimité

Trop souvent, nous traitons notre relation comme une voiture que nous pouvons opérer sans essence. Nous nous attendons à ce qu'elle soit toujours belle, qu'il nous protège, nous renvoie une image positive de nous-mêmes, nous conduise là où nous voulons aller — tout ça sans faire le moindre effort, sans voir à entretenir notre relation.

Ne permettez jamais à votre relation de perdre son élan. Les moments intimes sont le meilleur carburant d'une bonne relation. En y accordant le temps nécessaire, plutôt qu'en nous attendant à ce qu'une relation nous apporte tous les avantages que nous recherchons — sexe, compagnon, réconfort émotionnel, responsabilité parentale, sécurité financière — nous comprenons qu'une telle relation demande que nous partagions nos pensées et sentiments personnels — nous nous engageons à trouver le temps nécessaire. Les moments tendres vont de la «p'tite vite de cinq minutes», à un moment précis de la journée (le déjeuner, le dîner ou avant le coucher) afin de se transmettre les informations de base de la journée, jusqu'à la rencontre de 20 minutes ou plus, lorsque le temps vous le permet, pour vous révéler d'une manière plus complète. Dans ce cas, vous pouvez creuser les sujets, révéler vos craintes, vos objectifs, vos intentions en cours, vos frustrations quotidiennes et vos joies. C'est le moment idéal pour partager vos blessures et vos déceptions (celles que vous vous êtes créées mutuellement et celles qui vous sont venues de l'extérieur), pour vous encourager et pour planifier.

Accorder du temps aux moments intimes veut aussi dire créer les opportunités : une marche sur la plage ou dans les rues avoisinantes dans la neige; une fin de semaine dans la nature ou dans un petit coin de montagne, ou tout simplement dans la chambre 6 du motel tout près de chez vous! Cela veut aussi dire se donner la possibilité de faire l'amour calmement, de passer la journée au lit, de s'enlacer sur un divan, de s'embrasser plus que de raison, d'allonger la main vers celle de l'être aimé pendant un bon repas.

Franchement, je crois que si vous ne pouvez trouver 20 ou 30 minutes par jour pour une quelconque rencontre intime, votre relation ressemble à un traîneau qui glisse tout droit vers un rocher. En vous accordant le temps nécessaire, plutôt que de priver votre relation des petits plaisirs essentiels, vous en découvrirez à satiété.

N'oubliez pas le romantisme!

Le romantisme, c'est le champagne et les verres glacés de l'amour, c'est la magie qui fait danser un tango, le parfum dont on se souvient, la réalisation d'une fantaisie qui vous tient à coeur. Le romantisme, c'est l'antidote de la banalité, l'inspiration de la passion. Dès que vous laissez ces éléments s'infiltrer dans votre relation, vous l'élevez instantanément à un délicieux bien-être. Le romantisme fait que vous vous sentez belle, élégante; que la vie s'annonce pleine d'espoir; que la lune, les étoiles et les planètes vous inondent d'une lumière bénéfique et que vous croyez que tout vous est possible — vos rêves les plus doux, les plus osés et les plus chers se réaliseront certainement. Du moins, c'est sûrement ce que l'on ressent dans les effluves d'une nouvelle romance. Le romantisme, cependant, ne se maintient pas dans l'air sans aide. Avec le temps, il a besoin d'un peu d'effort, d'ingéniosité, d'intuition et parfois, d'un peu de folie, pour conserver la magie du clair de lune. C'est parce que, en cours de route, sans nous en rendre compte, nous laissons tomber ces petites choses qui donnaient du romantisme à notre relation: nous oublions d'apporter des roses et de chuchoter quelques mots doux; nous laissons les lumières allumées (ou fermées), nous mettons de côté les sous-vêtements noirs pour faire place aux pyjamas de flanelle. Bref, nous nous traitons mutuellement comme des colocataires, plutôt que comme des amants passionnés.

Mais nous pouvons tous garder du romantisme dans notre vie, même si on est ensemble depuis bien longtemps. Glacez les verres, pensez aux roses, baissez la lumière, allumez les chandelles — et cessez de vous en faire pour la cire qui coule sur la table — faites jouer la pièce musicale qui était populaire durant votre lune de miel, couvrez le lit de draps rouges. Prenez la voiture et allez au sommet de la montagne, admirez le coucher de soleil et embrassez-vous dans la voiture.

Parfois, Paul lance des S.O.S. romantiques à Sonia. Il l'appelle d'un endroit quelconque, lui confie qu'il a des problèmes avec la voiture et lui demande si elle peut venir le rejoindre. Lorsqu'elle arrive, elle découvre qu'il est «en panne» près d'un hôtel. Alors il lui offre un présent enveloppé avec soin — une robe ou un déshabillé vaporeux. Paul a déjà prévu une réservation à l'hôtel et le repas à la chambre. Après le dîner, ils dansent et font l'amour.

Lorsque vous voulez être romantique, il vous faut d'abord être créatif(ve) même si, au début, cela vous gêne un peu. N'oubliez pas que vous étiez tout à fait à l'aise quand vous receviez ses notes et ses chansons d'amour, au moment où vous êtes tombé(e) en amour. L'art du romantisme demande beaucoup de pratique.

Plus vous oserez, dans vos limites du confortable, plus vous deviendrez inventif(ive), surtout si vos efforts amènent une réaction positive. (Et si vous êtes celui ou celle qui reçoit, vous vous devez de réagir et de répondre spontanément. Ainsi, vous augmenterez le quotient romantique de votre vie.)

Quelles que soient vos préférences romantiques particulières, cédez aux caprices et profitez-en sans limites. Ne laissez jamais passer une bonne occasion. Tout comme l'amour embellit, le romantisme est une forme d'art très spécial dont la récompense est la passion.

Attention à vos paroles

Après des années de patience de la part de Jeanne, qui avait travaillé d'arrache-pied sur sa thèse de doctorat, Pierre lui lança, lors d'une dispute: «Qui a besoin de toi, de toute façon? Tu n'as jamais rien fait pour moi». Jeanne n'en revenait pas!. Elle m'a dit plus tard que c'était comme si une bombe avait explosé dans ses entrailles. Elle est allée dans la chambre à coucher, a sorti une valise, y a enfoui quelques vêtements et s'est rendue dans un motel. Il a fallu des mois de négociation et de thérapie avant qu'elle et Pierre ne se réconcilient.

La morale de l'histoire? Attention à vos paroles! Même si vous êtes contrarié(e) et que vous vous laissez aller lors d'une discussion, il n'est pas nécessaire d'assassiner la personnalité de l'être aimé. Les bâtons et les pierres peuvent vous briser les os, mais les mots ont le pouvoir de laisser à jamais des cicatrices.

Tout commentaire sur l'intelligence, le corps, la valeur, ou la capacité de faire l'amour (sans parler des comparaisons avec les amants et les maîtresses, les partenaires ou les épouses du passé) peut, de fait, ébranler profondément votre conjoint(e). Nous avons de la difficulté à croire que ce que nous disons lorsque nous sommes en colère peut avoir un effet durable, mais c'est le cas. Toute remarque désobligeante peut être dévastatrice au point de marquer, de façon permanente, l'amour-propre de l'autre ou d'endommager de façon irrévocable la bonne marche d'une relation.

Donc, évitez toute remarque gratuite et méchante, comme : «Bien, alors, demande le divorce»; «Je m'en vais»; «De toute façon, tu ne m'as jamais aimé(e)»; «Je déteste tes enfants»; «Je déteste cette maison»; «Je déteste ma vie»; «Tu ne m'as jamais compris(e)»; «Tu es trop gros(se)»; «Je pense que je vais aller voir la personne parfaite à laquelle je pense. Je suis sûr que cet être reconnaîtra que je suis superbe»; «Je retourne chez «S». Au moins, il(elle) savait comment faire l'amour.»

Une relation sombre toujours au plus profond des abîmes, donc, lorsque vous vous permettez de telles attaques virulentes; vous abaissez automatiquement votre relation à un niveau où vous inondez le sentier des communications de détritus et vous pouvez détruire complètement votre relation.

Que vous le croyiez ou non, nous possédons tous une sorte de sixième sens cruel qui nous souffle les mots vraiment dévastateurs envers notre partenaire. Nous connaissons ses points sensibles, vulnérables, son talon d'Achille spirituel où nous pouvons le(la) frapper mortellement. Voilà pourquoi il est sage de nous tourner la langue avant de parler. Pensez-y deux fois, même une douzaine de fois, comptez jusqu'à 10 ou jusqu'à 100, avant de prononcer des paroles totalement dévastatrices.

Partez et revenez avec des gestes d'amour

Vous souvenez-vous, au moment où vous êtes tombé(e) en amour, à quel point vous ne pouviez attendre pour vous voir, pour lui tenir la main, et pour vous embrasser? Et combien c'était dur, une pure torture, au moment de vous quitter, ce que vous repoussiez le plus longtemps possible? Même si les feux d'une nouvelle romance sont devenus les charbons ardents d'un amour véritable, cela ne veut pas dire que vous ne ressentez plus le besoin de vous retrouver et de vous quitter selon certains rituels d'amour.

En nous réunissant par des gestes d'amour, nous reconnaissons que nous nous retrouvons en présence de l'esprit de la personne aimée, que nous le faisons avec bonheur et joie. En nous quittant après quelques moments spéciaux, appropriés, nous indiquons que nous ne nous prenons pas pour acquis.

Donc, si vous devez effectuer un voyage d'affaires, il ne suffit pas de faire vos valises et de partir. Serrez l'être aimé dans vos bras et dites-lui que vous l'aimez; qu'il, ou qu'elle, vous manquera. Au retour, laissez tomber votre mallette et embrassez votre partenaire. Vous pouvez faire mieux que : «J'arrive!» en vous dirigeant directement vers votre coin de travail afin de vérifier le courrier. Et si vous arrivez à la maison avant l'autre, ne restez pas collé sur le divan devant le téléviseur en ne lui lançant qu'un petit bonjour à son arrivée. Laissez tomber tout ce que vous faites, établissez un contact chaleureux en vous regardant dans les yeux et en laissant s'installer la communion d'âmes. N'ouvrez surtout pas la conversation de vos retrouvailles par un : «Qu'est ce qui t'a pris tant de temps?» «Grand Dieu où étais-tu?» ou «Le repas est-il prêt?» avant d'en arriver aux faits et aux demandes de la vie réelle. ARRÊTEZ et portez attention à la personne avec qui vous avez choisi de partager votre vie.

Il est important que nous nous rappelions que c'est l'amour, avant tout, qui nous unit; que c'est l'amour qui demeure lorsque la journée de travail est terminée. C'est à l'amour que nous revenons. Même lorsqu'il nous est impossible de profiter longuement d'une belle expérience d'amour, les baisers et les caresses, au moment d'arriver ou de partir, sont les symboles vivants des attentes de notre coeur et de notre désir d'être ensemble.

Si toutes ces attentions amoureuses vous semblent un peu fofolles, rappelez-vous que nous ne savons jamais si nous nous reverrons encore. Alors, même la plus courte des rencontres est un petit miracle.

Apprenez par les différends

Aucune relation n'est sans conflit — différentes opinions, préférences ou même directions — et une relation n'est bonne que par rapport aux arguments qu'elle peut contenir. Par cela, je veux dire qu'une relation ne devient vivante que dans la mesure où elle peut survivre au stress provoqué par les divergences d'opinions. Il faut donc les résoudre par un conflit sain, pour que la relation et les personnes en cause puissent s'acheminer vers une plus grande authenticité.

Bon nombre d'entre nous avons peur des conflits parce que nous ne savons pas comment réagir. Nous craignons que la colère ne s'empare de nous, de perdre le contrôle et de devenir vicieux, injurieux, ou même physiquement violents. Nous craignons aussi la colère de l'autre personne — criera-t-il, lancera-t-elle des choses, claquera-t-il la porte, sortira-t-elle en colère? Ces comportements peuvent parfois se produire et même constituer un danger réel, surtout pour les gens qui ont eux-mêmes souffert de la colère des autres. Mais même ceux-là peuvent apprendre à exprimer leurs différends de façon constructive.

Le meilleur signe d'une bonne argumentation c'est lorsque les deux intervenants ont découvert une chose : qu'ils se connaissent mieux. Même si vous vous querellez sans cesse sur les mêmes sujets (et la plupart d'entre nous le font), vous découvrirez qu'une bonne querelle apporte de l'espoir puisque vous aurez découvert un point qui vous déroutait ou qui vous frustrait.

Voici quelques suggestions: 1. Essayez de découvrir ce qui vous tracasse. C'est généralement quelque chose de très spécifique : «Que l'autre n'a pas appelé» et non «que la vie est misérable.» 2. Dites ce que vous ressentez et pourquoi: «Je suis en colère que tu n'aies pas appelé, parce que cela me donne l'impression que tu ne m'aimes pas.» 3. Dites ce à quoi vous vous attendez comme récompense: «J'ai besoin que tu me fasses des excuses.» 4. Après avoir reçu les excuses, demandez-vous, tous les deux, si vous avez complètement réglé le problème. 5. Embrassez-vous et réglez votre différend.

Par exemple: «Je suis en colère, parce que tu as élevé la voix quand j'ai brûlé la théière. Tu m'as fait honte devant Catherine. Je me suis sentie diminuée de t'entendre me parler sur ce ton. J'ai besoin que tu m'offres des excuses.»

«Je m'excuse, chérie. Je manquais un peu de temps ce matin et j'étais nerveux à cause de la réunion spéciale. Je me suis mal comporté. Je n'aime pas te donner cette sensation. S'il te plaît, pardonne-moi!»

Une telle attitude, bien sûr, mériterait un trophée pour le combat le plus civilisé mais, avec toutes les frustrations que vous avez ressenties à chaque fois qu'une chose déplaisante s'est produite, sans parler de vos simples sentiments humains, vous ne serez peut-être pas toujours capable d'être aussi gentil. De toute façon, essayez de vous souvenir que: 1. Tout n'est pas permis dans une bonne argumentation. Ne révélez jamais tout ce que vous pensez, même si vous croyez avoir un argument légitime. Souvenez-vous que les paroles peuvent blesser et, après une querelle, vous ne voulez pas que l'être chéri en souffre. 2. Soyez clair quand vous parlez de vos doléances. N'y intégrez pas de vieux problèmes. 3. Laissez pénétrer en vous les paroles de l'autre avant de vous creuser la cervelle. Souvenez-vous que vous vivez ce moment afin d'apprendre quelque chose, afin d'en arriver à être plus perspicace et à une résolution immédiate. 4. Soyez tendre envers vous-même et envers l'être aimé, même si vous ne vous y prenez pas parfaitement.

Laissez les vieux conflits derrière

Lorsque vous vous querellez, laissez les vieux conflits derrière. Je veux dire ne ramenez pas gratuitement les vieux arguments qui n'appartiennent pas au conflit présent — c'est-à-dire tous les petits mots que vous avez eus depuis 12, 15 ou 20 ans ou la chose la plus insultante qui puisse vous venir à l'idée.

La théorie des vieux conflits n'est jamais profitable. Elle ne donne absolument rien, sauf qu'elle alimente la flamme de la contestation, creuse un abîme de tristesse et fait de la peine à l'être cher. Une fois que vous aurez eu la satisfaction de voir les méchancetés voler de part en part et se frapper contre les murs, vous aurez peut-être beaucoup de difficulté à réparer les dommages.

Donc, quel que soit l'élément qui a provoqué votre colère, essayez de résister à la tentation de tout faire ressortir et de créer un sauve-qui-peut. Il est important de s'arrêter et de réfléchir avant d'attaquer une autre personne. Posez-vous deux questions :

1. *Ai-je vraiment besoin de dire cela?* C'est-à-dire, est-ce que cette chose horrible, méchante, injurieuse et visant à abaisser l'autre doit absolument être dite? Peut-elle améliorer la situation immédiate? Peut-

on en arriver à quelque chose d'utile en disant, par exemple, que non seulement votre vie sexuelle est inexistante, mais qu'il en est ainsi depuis 10 ans? Est-ce qu'une telle remarque aura pour effet d'accélérer l'évolution de l'autre personne, ou la vôtre, ou n'est-elle pas plutôt une montagne d'émotions en effervescence que vous voulez dégager?

2. *Ai-je vraiment besoin de dire cela MAINTENANT?* L'attaque verbale dans laquelle vous voulez vous lancer peut certes comprendre certains points très valables qui doivent être exprimés. Mais est-ce vraiment le temps de le faire? Engendrerez-vous une folle colère ou une réponse utile?

Avant de faire feu avec notre mitrailleuse verbale, il est important d'évaluer la maturité de notre débit émotionnel et de considérer que même si nous avons le goût de dire quelque chose, cela ne veut pas dire que nous devons l'énoncer de la façon, ou au moment, où nous avons le goût de le faire. Souvenez-vous que votre relation est un objet précieux qui mérite d'être conservé et que vous devriez attendre un moment plus approprié pour exprimer vos sentiments, afin que votre relation en soit rehaussée et non érodée.

Songez aux premiers jours de votre amour

A travers les hauts et les bas de la vie quotidienne, il est très facile d'oublier la raison qui nous porte à aimer une autre personne : elle rentre en retard pour la sixième fois consécutive; elle est encore de mauvaise humeur; personne n'a rien dit d'agréable depuis ce qui semble une dizaine de semaines. C'est lors de moments comme ceux-ci que nous devons nous souvenir des beaux jours où nous sommes tombés en amour.

Afin d'entretenir et de rafraîchir votre relation, vous devez vous rappeler, de temps à autre, les heures heureuses des débuts de votre amour. Tout amour a connu ses moments de romance ravissants — la marche sur les quais au coucher du soleil, le visage mouillé de larmes au moment de vous quitter à l'aéroport, les baisers furtifs quand votre amour était encore secret. C'est précisément les choses que vous avez alors connues que vous devez maintenant vous rappeler et partager.

«Je l'ai vue marcher dans le jardin de la maison que je visitais, et ses mouvements m'ont enchanté à tel point que j'ai su dès lors que je voulais la marier. Je voulais pouvoir la regarder ainsi pendant toute une éternité.»

«Il m'a invitée à aller faire une randonnée. Nous avons commencé à escalader la montagne, je me suis fait une entorse à la cheville et je me suis mise à tomber. Instantanément, il m'a rattrapée. «Je t'ai» m'a-t-il dit, et je suis tombée dans ses bras en me sentant totalement protégée. J'ai ressenti sa grande douceur et j'ai pensé : «C'est un homme merveilleux — je suis en train de tomber en amour.»

En parlant tout simplement de ces instants mémorables, vous pouvez faire revivre ces sentiments incomparables, surtout si vous le faites d'une façon qui vous rapproche, plutôt que d'une façon accusatrice : «Te souviens-tu lorsque tu m'embrassais 500 fois par jour? Maintenant tu ne le fais plus». Quelles que soient les raisons qui vous ont amené à tomber en amour, le fait de vous en souvenir vous donnera la persévérance et la générosité de continuer et de ressentir : «Oh oui, j'ai plusieurs bonnes raisons d'endurer tout ceci.»

L'amour qui s'use comme un vieux tapis avec le temps peut être instantanément restauré en vous souvenant de ce qui était magique pour vous deux quand vous vous êtes rencontrés. Ce qui vous a uni était réel et puissant et vous avez pu oublier ça avec le temps. Lorsque vous vous permettez de vous souvenir du moment où vous êtes tombés en amour, vous rendez les choses qui vous ont réunis aussi fortes que celles qui rongent présentement votre relation.

Souvenez-vous donc de la raison pour laquelle vous êtes tombé en amour et la magie se produira une fois de plus.

Posez un geste de générosité

Spécialement quand il y a conflit, au moment où la tension monte, nous avons tous tendance à devenir butés, à tenir nos positions avec entêtement et à refuser carrément de reculer.

Dans toute relation de plus de trois semaines, il existe probablement de bonnes raisons pour divorcer. D'une façon ou d'une autre, nous faisons tous un million de choses qui dérangent, irritent, violent l'intimité ou brisent le coeur de l'autre personne. En amour comme à la guerre, tout n'est pas simple et ce que je veux dire c'est que les abus de l'amour et de la guerre sont sans fin et qu'il ne faut pas se faire d'illusions en pensant autrement.

Puisque l'amour a la possibilité de nous blesser infiniment lorsque nous sommes devant une impasse avec la personne que nous aimons, nous sommes portés à avoir l'impression que si nous avons dépassé les limites pour protéger notre dignité, notre santé mentale, notre peau, nous ne devons à aucun prix reculer, abandonner ou concéder.

L'entêtement est une forme d'autopréservation et bien sûr, nous n'avons aucune raison d'endurer tout mauvais traitement abusif. Mais cette attitude peut empêcher tout progrès si nous refusons de céder au moment où, pour le bien de notre union, nous devrions le faire. Lorsque nous avons la sensation d'être victime d'un abus ou d'une négligence, une impasse comme: «J'ai raison,» «Non, c'est moi qui ai raison»; «Sois gentil avec moi» «Pas avant que tu sois gentille avec moi»; «C'est ta faute» «Que veux-tu dire? — c'est TA faute» peut dégonfler une relation et la faire s'effondrer jusqu'à un point de non retour! Une impasse n'est pas un endroit très créatif. Rien ne peut être accompli, pardonné, résolu ou révisé quand tous les deux s'entêtent et refusent de bouger. On ne peut s'attenre à un progrès à moins qu'un des deux boucs qui se frappent la tête décide de démêler les cornes.

Donc, soyez disposé(e) à dire : «D'accord, je m'arrête et je vais vraiment tenter de t'écouter cette fois!» Pour l'être têtu, voici un truc : dites «je vais être gentil(lle) si tu l'es», ensuite, après avoir compté jusqu'à trois, recommencez à parler à partir du point où vous vous êtes entêtés.

L'amour véritable fleurit dans la compassion. Le geste qui transpose l'abus, la fatigue et le désappointement est un acte émotionnellement héroïque. Soyez disposé à jouer le rôle du héros, de l'héroïne dans votre relation en dépassant vos limites, en posant le geste généreux qui aurait pour effet d'alimenter et de préserver votre union.

Faites ressortir le positif

Faire ressortir le positif signifie que vous choisirez la meilleure façon d'interpréter ce que dit l'autre personne. C'est facile, dans une relation intime, d'avoir peur que l'amour ne dure pas, que les rêves se brisent, que les choses ne soient pas aussi bonnes que vous l'auriez espéré, que l'autre personne vous quitte, d'avoir été dupé(e), que l'autre personne profite de vous.

Bien que le désappointement soit possible même dans la meilleure relation (nul n'est parfait, ne l'oubliez jamais), ce qui est vrai c'est que dans une union, les deux personnes ont progressé ensemble de bonne foi, avec l'espoir et l'intention que les choses se produisent d'une façon aussi merveilleuse que possible. En d'autres mots, la personne que vous aimez n'est pas sur le point de profiter de vous.

Si vous ne l'oubliez pas au milieu des situations fragiles et des petits conflits inévitables de l'amour, vous pouvez être sûr que votre relation ne sombrera pas dans la négativité. Lorsque vous placez l'emphase sur le négatif : «Je sais que tu ne m'aimes pas»; «Je sais que tu as fait cela simplement pour me narguer»; «Je sais que tu te fous de ce que je ressens»; «Je sais que ceci ne fonctionnera jamais»; «Je sais que tu l'as aimé(e) plus que tu ne m'aimeras jamais», vous élevez ce négatif au plus haut de ses possibilités.

Lorsque vous accentuez le côté positif des choses, vous partez du fait que l'erreur n'a pas été causée par la personnalité détestable de votre partenaire, par son incompétence ou par son intention ignoble de vous attaquer, de vous insulter, de vous décevoir. Vous vous permettez et vous permettez à votre partenaire de bien se sentir, d'améliorer la situation. Plutôt que de dire : «Tu essaies toujours de m'embarrasser», essayez de dire: «Je m'excuse, chéri(e), j'imagine que je n'ai pas bien compris ce que tu disais. Pourrais-tu me l'expliquer encore une fois?» Plutôt que: «Pourquoi me parles-tu de façon aussi bizarre?», essayez: «Ta voix me semble un tantinet étrange. Est-ce que tout va bien?»

Nous faisons tous des erreurs. Nous avons tous des moments de confusion. Il existe des millions de raisons qui font qu'un comportement en particulier se manifeste (ou ne se manifeste pas) et qu'il se produit de telle ou telle façon. Avant d'imaginer le pire, essayez de croire que les options les plus heureuses, les plus optimistes ou les mieux intentionnées se sont produites. Ensuite, expirez profondément, informez-vous et attendez l'explication qui pourrait faire disparaître toutes vos craintes et même stimuler votre sensibilité.

Gonflez l'ego de l'être aimé

Tout comme lorsque vous êtes retenu à l'aéroport en attendant l'avion qui a six heures en retard, vous vous sentez comme si vous étiez toujours emprisonné dans un aéroport, de sorte que lorsque vous êtes au centre d'une querelle de couple, il est facile de croire qu'il n'y a eu (ou qu'il n'y aura) que des conflits et des turbulences dans votre relation.

En vérité, la plupart de nos amours nous servent bien. Même dans les moments les plus difficiles, ils nous apportent des leçons que nous avons le plus grand besoin d'apprendre et, au cours des périodes les plus enrichissantes, les joies que nous voulons le plus.

Gonfler l'ego de votre relation c'est vous souvenir et faire remarquer à l'être aimé toutes les bonnes choses que représente votre relation. C'est tenir compte de toutes les merveilleuses choses que vous faites, que vous avez faites, que vous ferez et qui font que vous êtes ensemble. Gonfler l'ego de votre relation, c'est comprendre que vous vivez une union qui mérite d'être reconnue. Par exemple, vous avez peut-être arrêté de remarquer le beau couple que vous faites. Les autres, par contre, s'en aperçoivent, mais actuellement, vous le tenez pour acquis.

Dès maintenant, commencez à vous souvenir du grand plaisir de partager votre vie avec la personne dont le style personnel complète le vôtre de façon si parfaite. Ou peut-être avez-vous oublié que vous êtes incroyablement bien appareillés intellectuellement. Avec qui auriez-vous ces grandes conversations libres, stimulantes pour l'esprit? — Qui d'autre connaît la signification du mot *antépénultième* ou pourrait se souvenir de l'élévation de Macchu Pichu?

Souvenez-vous une fois de plus de l'appui que vous vous accordez mutuellement, comment vous vous stimulez l'un et l'autre lorsque les choses vont mal, lorsqu'on ne le choisit pas dans l'équipe de baseball, lorsque vos tableaux sont rejetés par le jury.

Lorsque vous gonflez l'ego de votre amour, vous vous efforcez de prendre note que quelque chose de bien plus grand que vos deux individus a été créé par votre union. «Nous nous amusons bien ensemble, n'est-ce pas?» «Nous nous sommes créé un bon chez-soi, n'est-ce pas?» «Nous avons vraiment des enfants formidables»; «Je ne me souviens plus de la vie avant NOUS, maintenant tout semble avoir un sens.»

Ces formes de reconnaissance ont un effet remarquablement positif. Elles vous permettent de demeurer conscient de votre relation comme source de force, de nourriture, comme ressource à vos identités individuelles, comme bouclier, au fur et à mesure que vous avancez dans le monde. Donc, dans vos monologues intérieurs et en parlant à l'être aimé, reconnaissez la grandeur que vous avez créée par votre union. C'est la meilleure façon de demeurer branchés au pouvoir de vos liens affectifs.

Réglez vos petits problèmes émotifs

Les petits problèmes émotifs sont les petites choses désagréables, tenaces, non réglées entre vous et votre partenaire : la rancoeur non exprimée, les blessures non pansées, les conflits non résolus, les petites gênes non formulées, les attentes dissimulées à l'arrière-scène. En les taisant, ces détails se dressent entre vous et votre partenaire, salissent votre lien émotionnel et assombrissent la précision que vous aimeriez voir s'installer dans votre union.

Lorsque vous réglez vos petits problèmes, au lieu de laisser vos conflits, vos disputes et vos difficultés s'enliser dans le silence, vous les amenez à une conclusion et vous faites la paix avec l'être aimé avant d'aller plus loin. Cette démarche signifie que vous désirez et que vous croyez tous les deux pouvoir amener votre union au niveau d'une stabilité et d'un constance émotionnelle, où vous pourrez, une fois de plus, courir le tendre risque des émotions qui approfondissent une relation.

Une union a besoin d'une harmonie stable, d'un endroit sécuritaire où les gens peuvent se donner la chance de croître et d'entretenir les liens qui les unissent. En réglant vos petits problèmes émotifs, vous maintenez le sanctuaire en bon ordre.

Nous avons tous tendance à laisser tomber, à espérer que tout s'arrangera ou disparaîtra. Certaines choses perdent de leur importance avec le temps, mais la vérité c'est que ne pas régler ses problèmes demande une quantité impressionnante d'énergie. Une énergie qui pourrait bien mieux servir l'amour, les caresses ou une agréable sortie.

Yvonne en voulait toujours à Claude à cause d'une querelle qu'ils avaient eue la veille. Lorsqu'ils sont sortis samedi soir, plutôt que de relaxer et de profiter de la soirée, elle était grincheuse et inconfortable. Il lui avait dit : «Je n'aime pas vraiment que tu parles si souvent à Laura» (la meilleure amie de Yvonne) et cela lui avait particulièrement déplu. Elle avait toujours apprécié le plaisir, la distraction et l'appui que lui accordait Laura lors de leurs fréquentes conversations et elle était mal à l'aise devant la réaction négative de Claude. Mais plutôt que de lui en parler, elle «espérait qu'il s'y était peut-être mal pris pour le lui dire» ou «qu'il oublierait l'incident.» Elle a même pensé faire une remarque sarcastique au sujet de André, le meilleur ami de Claude, la prochaine fois que les deux iraient jouer au golf. Mais aucune de ces tentatives de refouler les faits sous le tapis n'avait fonctionné. Laura était toujours malheureuse et le fait de ne pas en parler n'avait eu comme résultat que de gâcher son samedi soir.

Voilà un exemple parfait de petits détails émotionnels qui peuvent se transformer en pièges romantiques. Alors plutôt que de condamner votre amour à la potence, prenez le temps de résoudre vos affaires émotionnelles inachevées, aussi banales et sans conséquences qu'elles puissent paraître. L'amour fleurit sous un ciel bleu: en réglant les petits problèmes sans importance, on chasse les nuages.

Excusez-vous, excusez-vous, excusez-vous!

C'est terriblement simple, mais si difficile à faire. Lorsque vous commettez une erreur, excusez-vous : «Je m'excuse. Tu as raison. J'ai oublié d'aller chercher le nettoyage. S'il te plaît, excuse-moi.» «Je m'excuse d'avoir crié. Je sais que je t'ai fait peur.» «Je m'excuse, je n'écoutais pas. Je veux vraiment entendre ce que tu as à dire.»

La reconnaissance de vos fautes et aussi de vos gaffes personnelles — les petites comme les grandes, les choses bizarres que vous faites ou les choses que vous oubliez de faire — est la meilleure façon de passer le balai dans une bonne relation. Cela enlève les débris qui peuvent traîner sur le coeur de votre bien-aimé(e) et qui pourrait très facilement devenir encombré par tous les petites rancoeurs qui perdurent. Vous excuser est une façon de vous tenir au courant de votre relation, de vous assurer que vous et votre partenaire ne vous aimez pas à travers une fenêtre embuée par les vieilles doléances, au point qu'il vous est difficile de voir ou d'être vu par la personne bien-aimée.

Une excuse se compose de trois parties essentielles : la révélation de votre méfait par son nom, en vous excusant, en demandant pardon. C'est une démarche qui diffère radicalement de la défensive. Lorsque nous sommes sur la défensive, nous devenons le procureur de notre propre cause : «Je l'ai fait parce que...», «Ce n'est pas ce que je voulais faire», «Il, elle, ou les circonstances m'ont porté à le faire», «Ce n'est pas ce que cela semble être», «Tout est dans la façon de voir les choses», «Ce n'était rien de bien important».

Toutes ces positions défensives ont pour effet de brouiller les eaux émotionnelles. Elles obscurcissent nos défauts véritables, nos fautes et nos erreurs, et demandent que nous soyons aimés au niveau de notre propre déception et non dans les profondeurs de notre intégrité émotionnelle. Lorsque nous avouons nos erreurs, nous demandons d'être aimés dans la pleine mesure de notre dimension humaine, aussi imparfaite soit-elle.

La défensive ne fait qu'entretenir un problème relationnel. L'excuse y met fin, en ouvrant le sentier du pardon et des nouveaux départs. La plupart d'entre nous ne s'excusent jamais assez. L'excuse, lorsqu'elle est sincère et qu'elle vient du coeur, est l'un des éléments guérisseurs et le meilleur pansement pour toute blessure dans une relation.

Jouez ensemble

Lorsque nous jouons ensemble, nous nous sentons joyeux et insouciants. Nous sommes délivrés de bien des obligations et des responsabilités et nous vivons des moments délicieux. En nous amusant, nous éveillons l'enfant en nous, nous retournons dans le temps, au moment où la vie était neuve et remplie de possibilités. Puisque intérieurement nous demeurons toujours jeunes, nous devons nous amuser autant que possible.

S'amuser seul ou en compagnie des autres, à une journée de golf, une classe d'aérobie, une joute de soccer, un tournoi de tennis, n'est pas insensé ni frivole. Le jeu crée l'équilibre. Il agit comme un filet de sécurité tendu sous la corde raide de la vie moderne; il nous garde sains et fonctionnels.

S'amuser seul est bon, s'amuser avec d'autres est encore mieux. S'amuser avec la personne qu'on aime est la plus belle façon de jouer. On combine alors les joies intrinsèques de l'exercice avec l'opportunité de vivre une expérience totalement insouciante (et parfois, une pause spirituelle salvatrice) avec la personne que l'on aime. Le voir ou être avec lui au moment où il est le plus spontané, au moment où elle est plus innocente et moins sur ses gardes, ne peut qu'accroître notre appréciation envers notre compagnon, notre admiration envers notre compagne. Parce que lorsque nous faisons ce que nous adorons, nous sommes exactement nous-mêmes.

Les petits moments fous partagés renforcent les liens.

«Te souviens-tu du jour où nous avons escaladé les 500 marches de la butte de sable et lorsque nous sommes arrivés à la tour d'eau, elle était entourée d'une clôture? Nous nous sommes quand même rendus en haut et j'ai déchiré mon pantalon sur une clôture de barbelés. La vue était incroyable, n'est-ce pas?»

«Te souviens-tu du tournoi de croquet que tu as gagné la fin de semaine de la Fête du Travail?» «Te souviens-tu de la fois où nous sommes allés fêter l'Halloween chez les Durand — j'étais déguisée en ballerine et toi en chat?» «Te souviens-tu de l'été où nous avons joué au badminton dans la cour arrière, tous les soirs après le souper?»

En jouant ensemble — que ce soit à l'intérieur, sur la pelouse, que ce soit sportif, que ce soit une sortie — vous doublez toujours le plaisir puisque vous bénéficiez non seulement de la compagnie de l'être aimé, mais aussi parce que vous faites quelque chose que vous aimez.

Donc, JOUEZ, JOUEZ, JOUEZ. Jouez bien. Jouez dur. Jouez sans arrêt. Jouez souvent. Jouez afin de toujours être ensemble.

Célébrez avec cérémonie

L'amour s'épanouit lorsqu'il est soutenu par la joie d'une célébration. Nous célébrons la fête de quelqu'un, un anniversaire, une promotion, une décoration, une collation des grades — les cycles de notre vie et de nos amours. Les célébrations sont comme la poussière d'or d'une fée qui donne vie, avec son rituel, à la routine continuelle de la vie de tous les jours. Elles nous gardent en contact avec les éléments qui font que notre vie et nos amours sont précieux.

Lorsque nous étions enfants, nous étions tous ravis lorsqu'il y avait une cérémonie— la fée des dents, le bas de Noël, le lapin de Pâques, les promenades à dos de poney aux anniversaires de naissance. Même si nous avons grandi, cela ne veut pas dire que nous avons perdu notre besoin de célébrer. Même si nous sommes devenus plus conscients de nos actes, nous recherchons toujours de tels événements commémoratifs dans notre vie.

C'est justement ces moments spéciaux, devenus rites parce qu'on les a répétés, qui nous raccordent à nos racines et qui nous rapprochent les uns des autres. C'est le principe même de la répétition d'une cérémonie qui crée une partie de notre joie. Nous savons que certaines choses magiques se passeront exactement de la même façon que par le passé et cela nous plaît.

L'amour a besoin de la bénédiction d'une célébration et d'une cérémonie. Richard offre toujours un lapin en chocolat à Evelyne à Pâques. Suzanne et René retournent toujours, pour leurs vacances d'été, au chalet près du lac où Suzanne a grandi. Marc et Marie fêtent toujours leur anniversaire à l'hôtel où, il y a 13 ans, leurs yeux se sont croisés près de la piscine.

Chaque Noël, Sarah fabrique une chemise de nuit pour Paul avec ses initiales brodées sur la poche. Chaque année, lorsqu'elle lui présente la nouvelle chemise, Paul coupe l'insigne de la chemise de l'année précédente et la conserve dans une boîte — il possède maintenant plus d'une douzaine de ces gages d'amour.

Roger commande toujours un gâteau de la pâtisserie pour France, avec des numéros verticaux comme ceux qu'on installait sur ses gâteaux lorsqu'elle était petite en France. Il inscrit toujours la même chose sur la carte : «De cette façon, tu te sentiras toujours jeune.»

Célébrez donc les occasions spéciales selon vos cérémonies personnelles. Les cérémonies règlent et embellissent notre vie intime.

Révélez vos craintes

Dans une relation intime, il n'existe aucune attribution spéciale de points pour la bravoure. La bravoure est feinte, c'est l'antithèse de l'intimité. La bravoure, c'est vivre un mensonge. Afin d'avoir une relation vraiment significative, vous devez être disposé(e) à parler ouvertement de vos craintes.

Pour une raison ou une autre, nous avons tous honte d'avoir peur. Les choses qui nous font peur semblent souvent idiotes et insignifiantes. «J'ai peur que si tu pars en vacances, tu ne m'aimeras plus à ton retour»; «J'ai peur que tu parles tout le temps et que tu ne m'écoutes plus»; «J'ai peur quand j'ai mal au dos, parce qu'il se pourrait que je ne guérisse jamais». On nous enseigne que les craintes sont faites pour les poules mouillées et que, une fois que nous aurons «réglé nos problèmes», nous aurons surpassé nos craintes et, comme Ernest Hemingway, nous pourrons dire que nous n'avons «peur de rien».

La vérité, c'est que nos craintes se rapportent à certains petits coins tendres de notre personnalité où nous avons été blessés, où nous n'avons pas encore grandi, où nous ne sommes pas encore assez forts(es), où nous avons vu nos plus grands espoirs s'écrouler. Nos craintes sont aussi variées que la peur des araignées ou la peur de mourir. Même lorsqu'elles semblent sans conséquences ou accablantes, on doit les considérer comme des rapports venant de l'intérieur fragile de notre psyché. En les révélant, nous donnons accès à notre partenaire aux points où nous avons besoin d'aide — où, en raison de nos vulnérabilités, nous sommes plus en mesure d'être aimés.

Ainsi, en révélant vos craintes, vous vous ouvrez à une réaction d'amour. Elle dit : «Je sais que tu m'aimes assez pour que je puisse me permettre de te souligner mes faiblesses. Je te fais confiance pour que tu sois attentif(ve) avec moi». Lorsque nous faisons part de nos craintes à l'être aimé, cette confiance même devient un compliment pour lui, pour elle.

En révélant nos craintes, nous nous élevons immédiatement au niveau d'une plus grande intimité puisque l'une de nos plus grandes craintes est que l'autre personne n'ait aucun problème et que nous soyions le(la) seul(e) idiot(e) de poule mouillée sur la surface de la terre. En révélant que nous avons peur, nous incitons l'autre personne à révéler aussi ses craintes. De cette façon, nous nous mettons au diapason avec l'élément le plus puissant de l'autre personne, avec les choses qui lui font peur, qui la font se sentir terrifiée et très seule. C'est en se tenant ensemble dans toute la gamme de nos vulnérabilités que nous découvrons l'expérience du lien — le coeur même de l'amour!

Partagez vos rêves

Vos rêves, que ce soit ceux que nous faisons la nuit ou les espoirs et les aspirations que nous avons dans la vie, font partie de ce que nous avons de plus profond, protégé et précieux. Ils sont privés et personnels à tel point que lorsque nous les partageons, nous créons immédiatement une intimité.

Les rêves que nous faisons en dormant sont comme une carte représentant les côtés insoupçonnés et non censurés de notre être. Ils sont des messages qui nous sont adressés et qui nous concernent à partir du plus profond de notre inconscient. Dans le langage énigmatique de nos symboles personnels, ils révèlent les secrets que nous nous cachons même à nous-mêmes.

Le fait de faire part de vos rêves à l'être aimé est un acte d'autorévélation, puisqu'en ouvrant la porte à votre subconscient, vous permettez à votre partenaire de vous rencontrer dans un endroit spécial, non protégé, l'endroit de la magie, fréquemment au-delà du bon sens ou même des mots. Que vos rêves vous semblent parfaitement sensés ou non, pour vous ou votre partenaire (et il n'est pas nécessaire que vous soyez Sigmund Freud pour capter au moins leur signification), le seul fait d'avoir cette vue privilégiée de l'être aimé par le biais de ce miroir mystérieux, l'initie dans son intimité spirituelle.

Il en est de même pour les rêves d'aspiration — puisqu'en révélant nos espoirs et nos attentes, nous devenons immédiatement vulnérables. En parlant de ce que nous désirons, nous révélons aussi la façon dont nous pouvons être décus. Le fait que vous ayez toujours désiré être une ballerine (et que vous ne pouvez traverser le salon sans vous frapper sur un mur) est quelque chose que vous ne voulez révéler à personne, mais en en parlant à l'être aimé, vous ouvrez une partie sensible de votre personnalité qui demande à être traitée.

Personne ne peut vivre tous ses rêves — la vie est trop courte! Et nous avons tous beaucoup plus de talent que de temps pour les explorer. Bien qu'à certains niveaux, nous nous rendons compte, comme ma mère le disait si bien, que : «On ne peut pas tout faire», il y a aussi comme un sentiment de perte reliée à l'abandon de nos rêves les plus ridicules ou les plus bizarres. Lorsque nous partageons nos rêves irréalisés, nous demandons à l'être aimé de nous rencontrer dans un endroit de vulnérabilité, où nous pouvons être interprétés non seulement comme ce que nous sommes, mais aussi par rapport à ce que nous aurions aimé être. La révélation de vos rêves est un acte de confiance qui signifie que vous croyez que la personne qui vous aime désire vous voir dans votre nature secrète, sans avoir honte, sans qu'elle ne vous tourne en ridicule. Cela veut dire que vous croyez pouvoir partager vos secrets les plus profonds et, que si vos aspirations ne devaient jamais se concrétiser, la personne que vous aimez sera toujours là pour vous réconforter.

Soyez généreux avec votre corps

L'amour véritable doit être accompagné d'affection physique. Notre corps renferme non seulement notre esprit, il l'exprime. Il communique, sans paroles, l'essence de notre être.

Lorsque nous étions bébés, nous avons eu le sentiment d'être aimés par la sensation que nous procurait la présence du corps de nos parents. Le fait d'être blotti près du coeur de votre mère, d'être transporté dans les bras puissants de votre père vous procurait des sensations physiques qui vous donnaient un sentiment de sécurité et d'amour.

Si vous avez eu le bonheur de recevoir la bonté physique et l'attention de vos parents, vous voulez revivre ce bonheur mais si vous n'avez jamais connu cette attention particulière, c'est probablement quelque chose que vous aimeriez connaître de tout coeur.

Lorsque notre corps est joyeux, nos émotions sont positives et notre esprit est comblé. Donc, le fait que votre bien-aimé(e) vous offre son corps peut, plus que n'importe quoi d'autre, vous donner le sentiment d'être aimé(e). Comme Jean-Marc disait : «Après avoir fait l'amour, je crois que tout est possible.»

Soyez donc généreux avec votre corps, non seulement lorsque vous faites l'amour. Donnez-vous des massages de pieds ou de dos. Préparez une serviette d'eau froide pour un front fiévreux ou une compresse de boue pour une piqûre d'abeille. Entourez une cheville douloureuse d'un bandage de glace. Soyez le porteur ou la porteuse de diachylons, de soupe et de médicaments.

Embrassez pour aucune raison spécifique; permettez à votre caresse chaleureuse de devenir un geste d'amour profond. Laissez votre main caresser l'épaule de l'être aimé lorsque vous passez à côté de lui dans la cuisine. Touchez son bras duveteux lorsque vous êtes assise à côté de lui sur le divan. Laissez les courbes de son pied tenir compagnie au vôtre lorsque vous vous endormez. Lorsqu'il est triste, touchez son visage; lorsqu'elle est découragée, tenez sa tête entre vos mains comme un précieux cristal.

Laissez votre corps et le sien dire la vérité. Faites l'amour avec la certitude que votre corps peut exprimer les choses qu'il vous est impossible de dire et sachez que, dans son abandon sensuel, la passion sexuelle est la danse de l'esprit.

Ayez confiance l'un dans l'autre

L'amour véritable est fondé sur la confiance, le climat émotionnel que vous créez ensemble pour qu'il devienne l'atmosphère dans lequel votre amour s'épanouira. La confiance est cette certitude que nous sommes en sécurité l'un avec l'autre, que dans nos moments de vulnérabilité, de faiblesse ou de grande gloire, nous ne serons pas trahis!

Avoir confiance signifie que nous partons du point de vue que nous croyons que l'être aimé a un profond intérêt envers nous, et qu'il ou elle, en dépit des écarts occasionnels ou des erreurs, ne s'intéresse qu'à notre bien-être. Lorsque nous faisons confiance, nous croyons que l'autre nous aime tendrement et entend nous aimer pendant de longues années. La confiance imagine ce qu'il y a de mieux; la confiance s'attend au meilleur dénouement possible. La confiance donne avec joie en s'attendant à ce qu'elle soit réciproque.

La confiance engendre la confiance. En reconnaissant que vous faites confiance à la personne que vous aimez — avec votre vie, votre coeur, vos talents, vos craintes, vos enfants, vos biens matériels — vous l'invitez à devenir encore plus digne de cette confiance. Le compliment de la confiance élève, encourage davantage la fidélité. Ainsi, plus vous faites confiance, plus vous vous sentez en sécurité, plus vous êtes capable d'aimer.

Comme je le disais précédemment, la confiance engendre la confiance; le doute — son opposé — crée la méfiance! Plus vous soupçonnez, présumez et imaginez que votre partenaire ne vous aime pas, qu'il(elle) n'est pas intéressé(e) à s'occuper de vous de façon adéquate, plus il lui devient impossible d'escalader la muraille de vos doutes et de vous accorder son amour ou son affection éternelle.

Mais la confiance ne vient pas seulement de votre propre état d'âme. Elle se développe en réaction aux actions, aux paroles, aux attitudes de la personne à qui vous faites confiance. La confiance est délicate, facilement dommageable; on peut la détruire par une seule phrase, une attaque virulente, une nuit d'infidélité irréfléchie, un tissu de mensonges. Dans les questions de confiance, nous sommes véritablement le gardien des psychés de l'autre — et nous devons considérer la création de la confiance comme une responsabilité très sérieuse.

En plus de faire confiance, il faut donc être soi-même digne de confiance. Demandez le meilleur de vous-même — en ce qui concerne l'intégrité de vos actions, de vos intentions, de vos paroles — de sorte que vous puissiez devenir un(e) partenaire digne de créer l'atmosphère de confiance qui enveloppera le berceau de votre amour.

Faites-le et refaites-le

Je connais une gitane qui lit dans les lignes de la main; elle répond à deux questions, au choix, pour dix dollars. S'il manque quelque chose à votre vie, si vous avez un rêve que vous n'arrivez pas à réaliser, elle demande toujours cent dollars afin qu'elle puisse faire brûler dix chandelles, pendant dix jours, pour transformer votre souhait en réalité.

Je me suis souvent demandée si elle brûlait vraiment les chandelles ou si c'était tout simplement une façon de se faire de l'argent. Quoi qu'il en soit, je lui accorde un point : un rêve ne se manifeste pas en ne le souhaitant qu'une seule fois. Il s'actualise par l'effort et l'attention et, tout comme la gitane allume ses chandelles pour en arriver à de tels résultats, c'est en tenant la flamme d'un désir dans notre coeur, dans notre esprit, dans nos émotions et dans nos actions que vous pouvons réaliser nos rêves les plus chers.

Un comportement est difficile à modifier. Cela prend de la pratique et de la répétition. C'est peut-être un peu moins vrai dans le cas d'un comportement d'amour. Apprendre à voir différemment la personne que vous aimez et adopter un nouveau comportement émotionnel est un processus qui demande du temps. Vous n'apprendrez jamais les actions de l'amour en une seule minute, pas plus qu'elles ne seront vôtres tout simplement en lisant ce livre. Vous devrez tenir compte de ces actions et les répéter, et les répéter, et les répéter... avant d'obtenir des résultats permanents.

Les comportements de l'amour nous affectent tout autant que la nourriture : lorsque nous avons faim, nous mangeons à satiété. Mais cela ne veut pas dire que nous n'aurons plus jamais faim. Nous devons recommencer! Parce que nous avons pensé une fois à éveiller la romance ou à reconnaître les problèmes que notre attitude provoque, cela ne veut pas dire que c'est fait pour toujours. Nous avons tous besoin de la bénédiction et de la permission de l'amour, encore et encore. Aucun d'entre nous n'est assez riche intérieurement pour ne pas désirer toutes les bonnes choses que nous pouvons nous procurer.

La beauté d'une relation, comme une oeuvre d'art, est sculptée par le temps. Vous obtiendrez l'amour tel que vous l'imaginez et désirez par des efforts constants. Vous devez donc «faire et refaire» ces choses sans cesse et votre relation progressera bien au-delà de vos attentes.

Les transformations de l'amour

Consolez-vous mutuellement

Bien plus que nous ne voudrions le reconnaître, la vie ressemble à une tragédie. Nous avons tous à supporter des poids qui sont parfois trop lourds; nous avons tous des peines et des problèmes de coeur qui nous amènent au seuil d'une douleur qui semble insupportable. Il arrive que ce que nous ressentons et que ce que nous vivons soit sur le point de nous dévorer... de nous détruire!

Lorsque nous reconnaissons ce fait, nous reconnaissons à quel point nous avons tous un immense besoin de consolation. Face à tous les événements tragiques qui nous entourent, nous ne pouvons rien faire d'autre que de tenter d'offrir la guérison, même lorsque nous ne nous sentons pas équipés pour le faire. Mais quel que soit le degré d'inaptitude du geste, il est sûr de toucher le point de douleur et d'offrir une consolation.

Consoler est une démarche spirituelle. Elle commence avec l'état de grâce qui accepte que nous souffrons tous et qu'une de nos plus grandes missions est de se précipiter tous ensemble dans une vallée de larmes.

Nous avons tous besoin d'agir comme médecins de l'esprit, l'un pour l'autre, au cours des périodes douloureuses. C'est lorsque nous nous sentons assaillis par le passage des peines de la vie que nous nous tournons le plus souvent vers la personne qui nous aime. C'est lorsque nous avons le coeur brisé que nous avons le plus besoin de l'âme soeur et que nous ressentons le besoin de nous jeter dans les bras de l'amour.

La consolation, c'est bien vouloir entrer dans les profondeurs de la blessure; créer une liaison; pénétrer dans les peines d'un autre être humain et être présent, témoin de l'insupportable, de sorte qu'à la fin, la douleur puisse être acceptable.

Consoler, c'est réconforter — avec des paroles, avec les mains, avec le coeur, avec des prières. Consoler, c'est vivre le deuil ensemble et diviser, de cette façon, la puissance de la perte. En consolant, vous rompez votre solitude et celle de la personne que vous aimez. Vous êtes à l'écoute de votre for intérieur et de l'âme de l'être aimé et vous réagissez avec ce que vous avez de plus généreux aux plus grands besoins de l'autre.

Pardonnez-vous mutuellement

Pardonner, c'est voir la personne qui vous a offensé d'une manière entièrement différente. À travers les yeux de la charité et de l'amour. C'est une tâche difficile mais qui peut transformer une vie, puisque le pardon amène un nouveau souffle dans une relation et modifie la chimie entre les deux intervenants —de l'amertume à la douceur.

En réalité, le pardon commence avec vous-même, avec la compréhension qu'en dépit de vos meilleures intentions, vous aurez l'occasion, vous aussi, de manquer et de faire des choses terribles que vous auriez cru que seuls vos ennemis étaient capables d'infliger. Le fait de vous regarder avec compassion, en dépit de vos faiblesses, est le commencement du pardon envers les autres. Car nous ne pouvons jamais reprendre dans notre coeur la personne qui nous a blessé, à moins d'être miséricordieux envers nous-mêmes, face à nos propres injustices.

Le pardon demande une certaine maturité émotionnelle et la volonté de nous déplacer dans le futur. Pardonner, c'est recommencer, dans un endroit différent, à nous comporter à partir des profondeurs de notre coeur, comme si rien de mauvais ne s'était produit. Dans ce sens, le pardon est un acte créatif puisqu'il sollicite que nous établissions une nouvelle relation, à compter de maintenant! Cela demande une transformation intérieure profonde. Pardonner ce n'est pas oublier — recouvrir de beau papier-peint les paroles ou les actions qui ont créé la blessure. C'est plutôt être disposé à ouvrir votre coeur au point que vous puissiez regarder la blessure à partir d'une perspective différente, plus élevée. C'est passer à un niveau supérieur, de la vision «bon gars/mauvais gars» jusqu'au point où vous pourrez vous rendre compte que nous faisons tous de notre mieux, mais que nous sommes tous imparfaits. Nous sommes tous responsables des imperfections de la condition humaine — nous avons tous fait et nous nous ferons tous des choses terribles, impardonnables.

Le pardon demande que vous voyiez la personne dans la totalité de son être, que vous regardiez chez l'être aimé la totalité de sa nature, en tentant de comprendre pourquoi il ou elle s'est laissé(e) aller à un geste blessant. Plutôt que de se souvenir des petits crimes, des insultes, des abus de la part de l'autre (et forger le futur sur les déceptions et les erreurs du passé), le pardon permet de les dissoudre à la lumière d'une perception constamment renouvelée. De cette manière, le pardon nous invite à recommencer en tenant compte, une fois de plus, des bonnes choses constamment présentes et en permettant aux mauvaises de se laisser emporter, comme le duvet, par le vent!

La puissance du langage crée la réalité

Le langage est un instrument très puissant. Ce que nous disons est ce que nous croyons et ce que nous attendons et, avec le temps, certaines choses se manifestent. Ce que nous disons, et ce que nous entendons les autres dire, a le pouvoir de sculpter notre expérience, notre vision du monde et, peut-être ce qui est le plus important, notre vision de nous-mêmes.

Un des grands dons de l'amour, c'est qu'en cours de route, nous pouvons utiliser cette puissante capacité pour donner vie, éclairer et guérir la personne que nous aimons le plus.

Une forme de guérison émotionnelle provient de l'utilisation précise du langage — des mots que nous transmettons et des mots qui nous sont transmis. À cause de ça, une relation intime et l'échange verbal qui en découle ont une plus grande capacité qu'à peu près n'importe quoi d'autre, de nous guérir de nos profondes blessures émotionnelles.

Les mots que ceux que nous aimons nous disent ont véritablement la possibilité de guérir nos mauvais souvenirs et nos douleurs les plus tenaces, et de recréer notre sens de nous-mêmes et du monde. Cela signifie que les mots négatifs qui avaient forgé notre première interprétation ou perception de nous-mêmes, comme : «Tu es laid(e)»; «Tu ne peux avoir cela; nous sommes trop pauvres»; «Tu ne fais jamais attention»; «Pourquoi ne peux-tu pas te la fermer?» peuvent en réalité être «révisés», corrigés et rejetés par l'utilisation adéquate des mots, du langage!

Sylvain avait toujours enduré des insultes verbales à propos de la façon dont il se comportait à l'école; on lui avait souligné le gâchis qu'il avait fait de ses livres scolaires; on l'avait puni parce qu'il était souvent en retard et on avait souligné et critiqué ses faibles résultats. Personne ne s'était donné la peine de remarquer son génie intuitif, la fonction extraordinaire de son cerveau. Toutes ces années d'amour-propre refoulé ont trouvé leur guérison le jour où la fille qu'il aimait lui a rappelé qu'il était intelligent : «Tu es brillant» lui avait-elle dit. «J'adore la façon dont ton cerveau fonctionne». «À l'instant même où je l'ai entendue prononcer ces paroles, quelque chose en dedans de moi s'est mis en marche» m'a-t-il dit plus tard. «J'ai commencé à croire que je n'étais pas stupide. Plus elle parlait, plus j'étais capable de la croire et plus je me rappelais que d'autres personnes m'avaient déjà dit des choses semblables. Avec le temps, les paroles ont changé entièrement ma façon de me voir.»

Le langage a la possibilité de changer la réalité. Donc, traitez votre vocabulaire comme le puissant instrument qu'il est — afin de guérir, de faire naître, de déplacer, comme par magie, les terribles déceptions de l'enfance et afin d'engendrer, de chérir, de bénir, de pardonner — pour créer à partir des éléments de votre âme, l'AMOUR VÉRITABLE.

Sanctifiez votre relation

Que ce soit clairement visible ou non, toute relation a un but plus élevé que la relation elle-même, une signification qui va au-delà des conventions de l'amour et du romantisme et qui lie deux personnes dans une destinée qui a des racines dans le passé et des ailes vers le futur. L'objectif est de nous modeler individuellement dans notre version la plus élevée et la plus parfaite et de modifier, même superficiellement, le caractère essentiel de la réalité dans laquelle nous nous sommes insérés en naissant.

Reconnaître cette philosophie c'est croire que tout ce qui se produit entre vous — les petits drames et traumatismes, les tragédies qui transforment la vie — vous prépare à votre participation unique dans le courant humain. C'est accepter que la personne que vous aimez s'est introduite dans votre vie pour une raison qui dépasse les satisfactions du moment ou même votre avenir personnel, afin de puiser dans le temps, au-delà du temps.

Ce que vous faites ensemble présentement, la qualité et la beauté de vos actes, a une influence non seulement sur la façon dont vous vous installerez confortablement dans vos fauteuils berçants à l'automne de la vie, mais aussi sur tous les êtres humains de votre entourage. Nous participons tous au processus de création de l'es pèce et d'un monde qui respire la paix et qui connaît l'amour. Voilà notre héritage le plus noble et lorsque nous célébrons notre relation, les difficultés et les insultes que nous y retrouvons sont instantanément diminuées; ce qui les remplace est la présence d'un amour débordant.

La sanctification d'une relation signifie qu'on ne la voit pas comme un acte de complaisance personnelle, mais comme une offrande d'amour que l'on donne avec joie pour la réalisation d'une signification supérieure.

Cette démarche demande non seulement une attitude d'acceptation, mais aussi deux comportements : parler et garder le silence. Cela veut dire reconnaître l'un envers l'autre, par des paroles, cette vérité suprême: «Je te remercie d'être l'instrument de la découverte de ma mission, de mon utilité»; «Je sais que nous sommes réunis pour une raison importante»; «Je t'aime parce que tu es ma façon de voir la sainteté de la vie.»

Parfois, cela demande aussi le silence dans votre coeur, comme un remerciement pour ce but ultime, ou l'engagement commun dans la pratique d'une méditation, comme marcher ensemble en pensée, une prière pour que soit révélée votre raison de cheminer ensemble Votre amour est une couture dans le tissu d'un TOUT. En le voyant ainsi, vous placez votre relation dans sa perspective ultime, vous disposant ainsi à recevoir la joie ultime!

Bénissez votre relation

Nous avons tous besoin que les sentiers de notre vie soient clairement définis, de sorte que nous puissions nous souvenir de la qualité de notre vie et de la beauté de notre amour. Nous coiffons notre relation de dignité lorsque nous le sortons de l'ordinaire par un rituel. Les rites personnels offrent une référence, non seulement pour la valeur que nous attachons à une relation, mais aussi pour la valeur que nous lui conférons.

Quand j'étais enfant, mon père disait toujours une prière avant mon repas d'anniversaire : «Avec la reconnaissance et l'amour qui a fait que tu es entrée dans nos coeurs et dans notre famille, nous célébrons ce jour de ta naissance, enfant magnifique, esprit délicieux. Puisses-tu vivre une année remplie de joie et puissent tes talents prodigieux, comme des flèches, trouver leur vraie voie dans ce monde pendant longtemps.»

Grâce à ces mots de consécration, ma vie est devenue beaucoup plus intense. Elle est devenue un lieu saint, avec des qualités et des possibilités. Elle est devenue un privilège et une responsabilité. Peu importe les difficultés qui se sont présentées sur ma route, les échecs que j'ai dû accepter, le rituel de ces paroles consacrées a été une magnifique source de référence qui m'a dirigée vers mon but suprême.

Les relations aussi doivent être consacrées de cette façon, sanctifiées par les rituels et les cérémonies qui, par leurs pouvoirs mystiques, peuvent les isoler. Les cérémonies disent, en effet, que cette journée n'est pas comme les autres, que cette personne n'est pas comme les autres, que cet amour n'est pas comme les autres amours. Non seulement dans notre coeur, mais aussi dans nos actions, nous voulons en faire une union signifiante, avec la reconnaissance d'une grande mission à accomplir.

Bien que nous puissions penser qu'une consécration ne peut avoir lieu que dans une église ou un temple, nous avons tous la possibilité de consacrer nos relations. C'est un acte créatif et profondément privé. Accordez-vous quelques moments spéciaux pour reconnaître votre union — votre anniversaire de mariage peut-être; choisissez un endroit spécifique où vous pourrez faire honneur à cette union en créant votre propre cérémonie privée, en allumant des chandelles, en parlant, en jouant de la musique...

La consécration de votre relation est le témoignage, répété et magnifique, que vous avez choisi de voir votre relation comme sainte, immaculée et que vous avez l'intention de vivre, avec l'être aimé comme témoin, les dimensions ultimes de cette entité.

Élevez-vous mutuellement

Une relation est toujours bien plus que ce que l'on imagine ou ce à quoi l'on s'attend. C'est plus qu'un arrangement vital, plus qu'une union de circonstances sociales, plus qu'une romance de feux d'artifices; c'est la réunion de deux personnes dont les esprits participent mutuellement, dans la beauté et dans la douleur, dans le processus inexorable de leur cheminement individuel.

De ce fait, les relations sont comme des meules qui nous polissent, qui nous raffinent jusqu'à ce que nous ayons atteint notre éclat le plus parfait. C'est ce raffinement qui donne lieu à la plus grande expression d'amour — voilà pourquoi une relation est une entreprise spirituelle.

Lorsque nous regardons la personne que nous aimons en nous attendant à ce qu'elle puisse ou doive résoudre tous nos problèmes émotionnels ou réaliser tous nos rêves matériels, nous réduisons cette personne au niveau d'un pion sur l'échiquier de notre égoïsme, parce que nous considérons la relation comme une expérience de *ce que je peux en tirer*, au lieu de *que puis-je devenir?*

Lorsque nous contemplons une relation à partir d'un point de vue différent — en la reconnaissant comme un incubateur spirituel — nous en venons à voir la personne aimée d'une façon différente. Nous la voyons comme une entité séparée de nos espoirs, de nos attentes, nous la percevons de façon particulière. Nous reconnaissons plutôt l'être aimé comme un complice spirituel; nous le plaçons sur un piédestal.

Une telle élévation permet de le voir comme une âme en constante évolution et dans tout le rayonnement de son être et de ses aspirations. C'est aussi la recherche de l'esprit pur, blotti derrière les limites de la psychologie individuelle des circonstances sociales, qui capte l'essence même de cet être, comme il était à ses débuts... comme il sera jusqu'à sa fin.

Une telle expérience permet d'aller au-delà des désappointements minimes et même gigantesques, en cheminant ensemble afin de saisir la divinité de cet être unique et exquis qui vous est offert sur le chemin de votre propre destinée.

C'est une démarche qui vous permet de vous voir mutuellement de la même façon que Dieu vous verrait: parfaitement engagés dans le processus d'accomplissement de la perfection.

Inclinez-vous devant le mystère de l'amour

Une relation amoureuse — deux personnes qui s'unissent afin de vivre, de travailler, de jouer, de rire, de pleurer, de se réjouir, de faire l'amour — c'est la forme que les humains donnent à l'amour, mais l'amour lui-même, cette essence indicible qui nous unit dans une communion, dépasse toute définition, toute analyse. L'amour a ses propres moyens. L'amour «Est», tout simplement!

L'amour est un mystère dont l'essence est angélique. Dans sa nature véritable, il dépasse tout ce que nous pouvons comprendre par quelque système que ce soit qui nous permet généralement de comprendre la réalité. Il existe simultanément à l'extérieur et à l'intérieur de nous. Il nous lie et il nous libère. Il ouvre nos coeurs et les brise. On ne peut le voir, sauf dans les yeux de l'être aimé, ni le ressentir sauf dans le coeur de la personne chérie. Invisible, son absence nous laisse triste, blessé(e), alors que sa présence transforme notre coeur, notre psyché et notre vie.

Nous recherchons l'amour sans savoir ce que c'est, mais en sachant que nous saurons de quoi il s'agit une fois que nous l'aurons trouvé. Voilà le mystère véritable de l'amour — même si nous ne pouvons le décrire, nous le reconnaissons toujours en le vivant.

L'amour s'infiltre dans nos relations par des moyens qui dépassent l'imagination. Parfois l'amour arrive pour rester, maintenu et stimulé par les sentiments et les efforts de ceux qui l'ont invité. Mais sans aucune attention, l'amour part pour chercher son véritable foyer.

En nous inclinant devant le mystère de l'amour, nous reconnaissons qu'il dépasse notre compréhension et que nous ne le comprendrons jamais tout à fait. L'amour que nous recherchons nous recherche, nous caresse sans que nous le sachions, unit nos esprits dans le corps même. À un certain point, en présence de l'amour, il n'y a plus rien à dire, à prouver, à demander ou à regretter — sauf le miracle de l'amour lui-même!

Transcontinental
IMPRESSION
IMPRIMERIE GAGNÉ

IMPRIMÉ AU CANADA